W0191294

Susanne Wiesinger mit Jan Thies
Machtkampf im Ministerium

ISBN 978-3-200-06697-7
© Edition QVV, Wien 2020
Edition QVV ist ein Verlag der Quo Vadis Veritas Redaktions GmbH

Das Werk, einschließlich aller seiner Teile, ist urheberrechtlich geschützt. Jede Verwertung ist ohne Zustimmung des Verlages und der Autoren unzulässig. Dies gilt insbesondere für die elektronische oder sonstige Vervielfältigung, Übersetzung, Verbreitung und öffentliche Zugänglichmachung.

Vorwort: Konrad Paul Liessmann
Umschlaggestaltung und Satz: Sophie Gudenus
Grafiken: Gerald Gartner (Recherche), Edith Heigl (Visualisierung)
Lektorat: Lucia Marjanović

Druck und Bindung: Buch Theiss GmbH, St. Stefan im Lavanttal
Printed in Austria

Besuchen Sie uns im Internet: www.qvv.at und www.addendum.org

Susanne Wiesinger mit Jan Thies

Machtkampf
im Ministerium

Wie Parteipolitik
unsere Schulen zerstört

Edition QVV

INHALT

VORWORT

Über die Bedeutung von Bildung für die gedeihliche Entwicklung und die Zukunftschancen einer Gesellschaft sind sich alle einig. Damit aber endet die Übereinstimmung auch schon. Was unter Bildung überhaupt zu verstehen sei, welche Rollen dabei die Vermittlung traditioneller Kulturtechniken, die Entwicklung unterschiedlicher Kompetenzen, der Erwerb von Wissen, die Vorbereitung auf eine digitalisierte Arbeitswelt, das Leben in einer dynamischen und bedrohten Gesellschaft spielen sollen, ist alles andere als ausgemacht. Es verwundert wenig, dass Bildung zu jenen Themen gehört, die gerne in Sonntagsreden mit wohltönenden Phrasen beschworen, ansonsten aber zum Gegenstand erbitterter ideologischer Auseinandersetzungen geworden sind.

Bildungsforscher, Bildungsexperten und Ratgeberinstitutionen zeichnen Wunschbilder, nach denen Bildung schlechthin den Schlüssel zur Lösung aller Probleme darstellt. Bildung soll junge Menschen auf die Zukunft vorbereiten, zu verantwortungsbewussten und kreativen Mitbürgern erziehen, sie soll ihnen Lese- und Medienkompetenz verleihen und sie für Genderfragen sensibilisieren, sie soll sie zu Toleranz und Solidarität, aber auch zur Härte im globalen Wettbewerb erziehen, und nicht zuletzt soll Bildung soziale Ungleichheiten kompensieren und die Konflikte einer Migrationsgesellschaft bewältigen. Da es unmöglich ist, all diese widersprüchlichen Aufgaben bei begrenzten Ressourcen zu erfüllen, müssen auf dem Reißbrett ständig neue Bildungsreformen, gar Bildungsrevolutionen ausgedacht und eingefordert werden. Je nach ideologischer Ausrichtung sollen dann die Schulen an die Weltspitze herangeführt oder zum Zufluchtsort aller Benachteiligten, zum Motor einer differenzierten Leistungsgesellschaft oder zum Hoffnungsträger für sozialen Ausgleich und die Rettung des Planeten werden. Mit der Realität allerdings hat all dies noch kaum etwas zu tun.

Dass Bildungsutopisten die Wirklichkeit aus dem Blick verlieren, wäre nicht weiter schlimm. Prekär wird es, wenn enge ideologische Konzepte auch die Bildungspolitik und ihre Organe steuern und Entscheidungsträger daran hindern, die Schulwirklichkeit korrekt einzuschätzen und Probleme zu benennen. Im Bildungsbereich ist die Realitätsverleugnung zu einem veritablen Problem geworden. Da das real existierende Bildungsgeschehen den politischen Leitvorstellungen oft wenig entspricht, werden nicht etwa die Ideologien kritisch infrage gestellt, sondern die Realitäten ausgeblendet. Drastisch spürt man dies in allen Fragen, die mit Migration und Integration zu tun haben. Einerseits handelt es sich um ein politisches Minenfeld, in das niemand gerne tappt, anderseits zeigt sich daran besonders deutlich, wie weit sich die pädagogische Realität von politischen Wunschvorstellungen mittlerweile entfernt hat. Wer aus Angst, politisch falsch eingeordnet zu werden, die Augen verschließt, wird wenig zur Lösung von Problemen beitragen.

Die Misere beginnt damit, dass die eigentlichen Akteure im Bildungsgeschehen – Lehrer, Schüler und Eltern – selten gehört werden und ihnen nahezu jede Fähigkeit abgesprochen wird, die Situation, in der sie sich befinden, adäquat einzuschätzen und die richtigen Schlüsse daraus zu ziehen. Dass Lehrer nicht als sachkundige und kompetente Partner der Bildungspolitik aufgefasst werden, sondern als Dienstleister, die die sprunghaften Reformvorhaben und ideologischen Moden wechselnder Regierungen ohne Widerspruch umzusetzen haben, hat nicht nur mit bürokratischen Hierarchien zu tun, sondern auch mit dem schlechten Image von Lehrpersonen, das nicht zuletzt von zahlreichen Medien herbeigeschrieben wird, was dem gleichzeitig betonten großen Wert der Bildung diametral widerspricht. Nach jedem Pisa-Test, nach jedem dramatischen Vorfall an einer Schule werden dann auch „Experten" befragt, die mit den Gegebenheiten vor Ort kaum vertraut sind, aber mit guten Ratschlägen nicht geizen.

Was der Bildungsbereich dringend benötigt, sind Sachkenntnis und Nüchternheit. Überzogene Utopien, Hoffnungen und Erwartungen an das Bildungssystem helfen ebenso wenig wie apokalyptische und kulturpessimistische Ängste. In vielen Bereichen arbeiten Österreichs Schulen und engagierte Lehrpersonen ausgezeichnet, in anderen Bereichen gibt es einen Problemdruck, der seine Ursachen in gesellschaftlichen Entwicklungen hat und nicht dem Versagen von Bildungseinrichtungen zugerechnet werden kann. Schulen, das wissen wir, sind genötigt, in einer modernen Gesellschaft viele soziale, integrative, therapeutische und pädagogische Aufgaben zu übernehmen, die über die Vermittlung von Wissen und Fertigkeiten weit hinausgehen. Schulen können nicht alle dieser Anforderungen gleichermaßen gut bewältigen. Mitunter würde man sich ja schon freuen, wenn es Bildungseinrichtungen wenigstens hin und wieder gestattet wäre, sich auf ihr Kerngeschäft, den Unterricht, zu konzentrieren und sie dafür auch die nötigen Mittel und Methoden zuerkannt bekämen.

Nach ihrem aufsehenerregenden Buch „Kulturkampf im Klassenzimmer" wurde Susanne Wiesinger als Ombudsfrau für Wertefragen und Kulturkonflikte im Bildungsministerium installiert. Die Erfahrungen im Rahmen dieser Tätigkeiten zeigen, dass der Kulturkampf in den Klassenzimmern in einem unmittelbaren Zusammenhang mit den Machtkämpfen in den Zentralen der Bildungspolitik steht. Traut man diesem Bericht, dann ist Unvermögen der Proponenten der Bildungspolitik, die Realität auch dann angemessen wahrzunehmen, wenn dies eher dem Blickwinkel des politischen Gegners entspricht, eines der Hauptprobleme im Bildungsbereich. Es fällt schwer zu glauben, dass die ideologischen Scheuklappen in allen Bereichen des politischen Spektrums tatsächlich einen größeren Stellenwert und eine stärkere Kraft besitzen als der Wille, alles zu tun, um Kindern und jungen Menschen wenigstens die grundlegenden Kulturtechniken zu vermitteln und sie dazu anzuhalten, sich an die Regeln einer offenen und demokratischen Gesellschaft zu halten. Das nun schon über zwei Jahrzehnte während Gezerre um die Einführung eines Ethikunterrichts zeugt exemplarisch von diesem Unwillen.

Durch diese Machtkämpfe, ausgetragen auf den Rücken der Schüler und Lehrer, werden nicht nur vorhandene Defizite verstärkt, sondern auch den verhängnisvollen und immer wieder beklagten Tendenzen zum Zerfall der Gesellschaft in tribalistische Strukturen Vorschub geleistet. Schule ist bislang der einzige Ort, an dem Menschen aus unterschiedlichen sozialen Kontexten und mit unterschiedlichen sprachlichen und religiös-weltanschaulichen Herkünften und Hintergründen lernen können, was es heißt, sich trotz aller Differenzen auf ein gemeinsames Leben zu einigen. Wird dieses Vermögen von Schule mutwillig durch eine geblendete und verblendete Machtpolitik aufs Spiel gesetzt, die eine Separierung und Abschottung unterschiedlicher Gruppen bis hin zur Formierung von Parallelgesellschaften akzeptiert, womöglich befördert, geht mehr verloren als nur ein Platz im Mittelfeld beim nächsten Pisa-Ranking.

Konrad Paul Liessmann, Wien, Dezember 2019

Konrad Paul Liessmann ist Professor für Methoden der Vermittlung von Philosophie und Ethik an der Universität Wien, Essayist und Kulturpublizist. Er gehört zu den bekanntesten Intellektuellen Österreichs und hat mehrfach das Bildungsministerium beraten. In zahlreichen Büchern hat er sich kritisch mit dem österreichischen Bildungssystem auseinandergesetzt, darunter „Theorie der Unbildung: Die Irrtümer der Wissensgesellschaft" und „Bildung als Provokation".

EINLEITUNG

Nach dem Erscheinen des Buches „Kulturkampf im Klassenzimmer" im September 2018 änderte sich in meinem beruflichen wie privaten Leben so ziemlich alles. Mein Schritt an
die Öffentlichkeit war, wie mir die zahlreichen privaten und
vertraulichen Gespräche mit Lehrern, Direktoren und Schülern im Zuge der Veröffentlichung gezeigt haben, mehr als
überfällig, und er war durchdacht. Ich bereue nichts, auch
wenn es manchmal nicht leicht war.

Meine Kollegen und Schüler bedauerten meinen Wechsel
von der Schule in die Ombudsstelle für „Wertefragen und Kulturkonflikte" ins Bildungsministerium. Sie wünschten mir
Glück und Durchhaltevermögen. Viele Kollegen, mit denen
ich auch befreundet bin, äußerten die Hoffnung, dass ich als
Ombudsfrau an diesem starren Schulsystem zumindest ein
wenig verändern kann.

Der Abschied von den Schülern war berührend. Eine vierte
Klasse der NMS, die ich in Deutsch und Musik unterrichtete, bereitete mir ein tolles, emotionales Abschiedsgeschenk.
Das Bild mit vielen Fotos von uns hängt jetzt in meinem Büro
im Ministerium. Mit einigen Schülern bin ich noch immer
in Kontakt. Es berührt mich sehr, dass sie nie den Verdacht
hatten, ich würde sie oder ihre Herkunft kritisieren. Einige
wünschten mir zum Abschied Mut: „Kämpfen Sie für uns, aber

passen Sie auf sich auf." Andere fragten mich, ob ich denn keine Angst vor den Leuten da auf der Straße hätte. Einen Punkt stellten sie aber erneut klar: „Wir werden uns niemals gegen unsere Eltern stellen."

Die Schüler der benachbarten Volksschule fragten mich wiederum ganz fröhlich: „Du warst im Fernsehen und in der Zeitung. Bist du die Frau des Bürgermeisters?" Als ich verneinte, kam die erstaunte Reaktion: „Was machst du dann im Fernsehen? Du bist doch eine Lehrerin." Diese Kinder und Jugendliche haben eine Fähigkeit, die uns Erwachsenen verloren gegangen ist oder die wir vielleicht nie hatten: Sie sind ehrlich, sagen, was sie denken, sie sind authentisch.

Es sind diese Gespräche mit den Schülern, die mir sehr fehlen. Außerdem vermisse ich den täglichen Austausch im Lehrerzimmer. Der Alltag an einer „Brennpunktschule" verbindet Lehrer und Schüler sehr stark. In diesem einen Jahr als Leiterin der Ombudsstelle wurde mir klar: Auch nach dreißig Jahren im Schuldienst liebe ich die Arbeit mit Kindern und Jugendlichen noch immer. Sie ist unglaublich spannend, sinnstiftend und erfüllend – so anstrengend sie auch ist.

Im vergangenen Jahr bekam ich nicht nur Einblick in Österreichs Brennpunktschulen, sondern auch in die Welt der Politik, besonders in die Arbeit des Bildungsministeriums. Ich führte Gespräche mit Politikern aller Parteien. Vom damaligen Bundeskanzler Sebastian Kurz über den damaligen SPÖ-Vorsitzenden Christian Kern, die NEOS-Vorsitzende Beate Meinl-Reisinger, den ehemaligen FPÖ-Chef und Vizekanzler Heinz-Christian Strache sowie den Liste-Jetzt-Gründer Peter Pilz. Sie alle wollten mehr über meine Erfahrungen als Lehrerin und meine Ansätze zur Verbesserung der Situation erfahren. Die Gespräche waren intensiv.

Vereinnahmen ließ ich mich von keinem dieser Politiker, obwohl es Versuche dazu gab. Die persönlichsten und offensten Gespräche führte ich mit Christian Kern und der damaligen SPÖ-Bildungsministerin Sonja Hammerschmid. Nicht verwunderlich, war die Sozialdemokratie doch meine politische Heimat. Beiden waren die Probleme gerade mit muslimischen Schülern und der Einfluss des politischen Islam bewusst. Als ich erwähnte, dass sozialdemokratische Politiker Wiens gerade in diesem Punkt hartnäckig wegschauen, kam kein Widerspruch. Christian Kern bestätigte mir, dass er meinen Schritt an die Öffentlichkeit und den Widerstand in den eigenen Reihen sehr gut nachvollziehen könne. Die Gespräche mit dem damaligen Parteivorsitzenden der SPÖ haben mich am meisten bewegt. Die Zerrissenheit in der sozialdemokratischen Partei war offenbar nicht nur für mich, als ehemalige Funktionärin eines Wiener Bezirks, erdrückend. Sie betraf und betrifft vor allem die Spitze der Partei.

Besonders deutlich wird diese Zerrissenheit am Beispiel des sehr intensiv diskutierten Kopftuchverbots an Volksschulen. In persönlichen Gesprächen stehen viele Sozialdemokraten und Grüne diesem Verbot positiv gegenüber, öffentlich spricht man sich aber dagegen aus: weil es nicht der Parteilinie entspricht und man dem politischen Gegner nicht recht geben dürfe. Öffentlich sagt man das aber natürlich nicht.

Stattdessen argumentiert man mit der Religionsfreiheit, die es zu verteidigen gelte. Die Religionsfreiheit der Eltern selbstverständlich, denn kein Mädchen entscheidet sich in diesem Alter selbst dafür, sich zu verschleiern. Das war jedem Sozialdemokraten wie auch Politiker der Grünen, mit dem ich Kontakt hatte, klar.

Im Gegenzug betonte praktisch jeder konservative Politiker, dass die Veränderungen in unserer Gesellschaft neue Antworten erfordern, gerade auch in der Bildung. Niemand sprach sich gegen einen verpflichtenden Ethikunterricht für alle aus. Aber man sei der katholischen Kirche und dem damaligen Koalitionspartner FPÖ verpflichtet und dürfe daher den konfessionellen Religionsunterricht nicht schwächen. Dieses Argument habe ich nie verstanden, denn schließlich geht es nicht um eine Entscheidung zwischen Religionsunterricht oder Ethikunterricht, sondern um ein Nebeneinander dieser beiden Fächer.

Die Zwänge, denen Politiker unterliegen, wurden mir durch diese persönlichen Begegnungen sehr bewusst. Sie sind in vielen Bereichen ohnmächtig und nur ihrer Partei verpflichtet. Wenn ich nach diesen Terminen zu Fuß nach Hause ging und über das Gespräch nachdachte, kam oft ein Gefühl von Mitleid in mir hoch. Doch das ist natürlich Blödsinn. Jeder Politiker weiß, was er tut, er handelt, wenn auch nicht aus persönlicher Überzeugung, so doch zumindest aus parteipolitischer Pflicht. Und genau hier liegt das Problem: denn Ideologie und Parteipolitik bringen das Land nicht voran. Sie blockieren, schränken ein oder schaden. Das Ergebnis ist eine Bildungspolitik, die seit Jahren auf der Stelle tritt, während sich die sozialen, kulturellen und religiösen Probleme in allen österreichischen Schulen – wenn auch mit unterschiedlicher Intensität – verschärfen.

Meine Freunde und Familie scherzten darüber, wen ich denn nun wieder getroffen hätte. Natürlich musste ich manchmal auch über mich selbst schmunzeln, doch meine Erkenntnisse aus diesen Gesprächen fand ich keineswegs witzig. Ich war auch in keiner Weise stolz oder geschmeichelt, einen berühmten Politiker getroffen zu haben. Dieser Einblick in die Welt der Spitzenpolitik hat mich nicht beeindruckt, sondern ernüchtert. Am liebsten hätte ich jedem meiner Gesprächspartner „Sag doch endlich einmal offen, was du wirklich denkst", entgegengeschleudert. Alle Spitzenpolitiker, mit denen ich gesprochen habe, sind in den wesentlichen Punkten, was in der Integrationspolitik schiefläuft und wo man ansetzen sollte, nicht weit voneinander entfernt. Bleibt die Frage: Weshalb passiert nichts?

Von Gewerkschaftern wurde ich naiv genannt. So funktioniere Politik. Mag sein. Aber so wird man den Herausforderungen und Problemen in unseren Klassenzimmern nicht gerecht. Im Gegenteil: Man trägt dazu bei, dass sich die Situation Tag für Tag verschlimmert. Wer nur aus parteipolitischer Taktik handelt, dem fehlt jegliches Verantwortungsbewusstsein.

Der stärkste Zwang kommt immer aus den eigenen politischen Reihen. Das ist ernüchternd.

Genauso ernüchternd waren die Versuche, mich parteipolitisch zu vereinnahmen. Ob es nun ehemalige Gewerk-
schaftskollegen waren oder das Kabinett des Ministers. Wenn
man in Österreich politisch tätig ist – und dies ist man auch
als Leiterin einer Ombudsstelle – muss man sich parteipolitisch irgendwo einordnen. Das Schlimmste, was passieren
kann, ist, nirgendwo zugehörig zu sein. Das wurde mir oftmals mitgeteilt. Und es ist tatsächlich nicht angenehm. Aber
die Ombudsstelle sollte parteipolitisch neutral sein. Das war
eine absolute Bedingung für mich. Ohne diese Zusicherung
hätte ich deren Leitung nicht übernommen. Sie soll Missstände aufzeigen und die Politik dazu bewegen, notwendige
Reformen einzuleiten. Dass an dieser Unabhängigkeit immer
wieder gerüttelt wurde, war ein Grund für dieses Buch.

Als Beamtin werde ich vom Steuerzahler bezahlt. Ich bin
also dem Staat verpflichtet und nicht einer bestimmten Partei. Ich weiß nicht, wie oft ich das im Gespräch mit Beamten
des Ministeriums erwähnte. Manche waren durchaus überrascht von dieser Aussage – obwohl es auf sie im gleichen
Maße zutrifft. Wir sind Staatsdiener und keine Parteidiener.
Die überraschten Blicke haben mich amüsiert und verärgert.

Zu den meisten meiner Genossen aus der Gewerkschaft
besteht kein Kontakt mehr. Offensichtlich habe ich sie – wie
auch Menschen aus meinem privaten Umfeld – vor den Kopf
gestoßen. Das kann ich verstehen, dennoch würde ich meine Kritik genauso wieder äußern. Die sogenannten Linken
sollten sich dringend den Realitäten in unserer Gesellschaft
widmen. Ein Schulsystem mit veralteten bürokratischen

Strukturen und Ideologien aus den 1970er Jahren kann den heutigen Anforderungen nicht gerecht werden. „Wir machen eine Gesamtschule, und das Problem ist gelöst", oder „Wir lassen den Eltern die Wahlfreiheit, ob Nachmittagsbetreuung oder nicht" sind veraltete Ideologien, mit denen keine Schulentwicklung möglich sein wird.

Die Diskussion, die nach der Veröffentlichung des Buches „Kulturkampf im Klassenzimmer" entstand, war wichtig und hat so manchen Verantwortlichen vielleicht ein wenig zum Nachdenken angeregt. Zum Umdenken hat es niemanden in der Politik motiviert. Es ist mir klar, dass dies – wenn überhaupt – nur sehr langsam gelingen wird. Doch uns bleibt keine Wahl. Und auch keine Zeit. Wir müssen unsere Zugänge fundamental ändern, wenn wir den Kollaps unseres Bildungssystems verhindern wollen. Die Erfahrungen, die ich als Leiterin der Ombudsstelle im vergangenen Jahr gesammelt habe, und die Einblicke, die ich erhalten habe, haben meine Befürchtungen, wie es um unsere Schulen bestellt ist, leider noch übertroffen. Deshalb habe ich mich entschlossen, ein zweites Buch zu schreiben. Ich möchte aufzeigen, wie unser parteipolitisches System jegliche Reformen verhindert und wie wir in der Integration weiterhin auf der Stelle treten. Die Rolle der Bildungspolitiker, Eltern, Lehrer, Schulleiter und auch der Religionsgemeinschaften muss viel offener diskutiert werden. Tun wir das nicht, geben Menschen den Ton an, die nicht an Lösungen interessiert sind. Denn sie schreien einfach lauter.

DIE OMBUDSSTELLE: VOM KLASSENZIMMER INS MINISTERIUM

Mit dem Buch „Kulturkampf im Klassenzimmer" wollte ich aufrütteln und die Probleme bei der Integration, vor allem muslimischer Schüler, aufzeigen. Im Zentrum standen für mich nicht die intensiven Diskussionen, die das Buch auslöste, sondern vor allem die Suche nach Lösungen: Lösungen, die mehr Chancen für unsere Jugend bedeuten. Diese Möglichkeit bekam ich Ende 2018, als mir der damalige Bildungsminister Heinz Faßmann anbot, ab Februar 2019 eine Ombudsstelle für Wertefragen und Kulturkonflikte zu leiten. Zu Weihnachten 2018 entschloss ich mich, das Angebot anzunehmen. Ein Jahr lang reiste ich im Auftrag des Ministeriums per Bahn durchs Land, besuchte Schulen und führte Gespräche mit Lehrern, Leitern und Verantwortlichen in den Bildungsdirektionen, um einen besseren Einblick in Österreichs Brennpunktschulen zu bekommen. Natürlich stieß dies nicht überall auf Zustimmung und Unterstützung.

Wie erwartet gab es Kritik an meiner Person: Ich sei nicht qualifiziert genug, um das Thema Integration zu beurteilen. Ich sei mediengeil, an Geld interessiert und sowieso eine vom Leben enttäuschte und ausgebrannte Lehrerin. Deshalb hätte die damalige türkis-blaue Regierung mich auch so leicht vereinnahmen können. Zu dieser Analyse kamen ausschließlich

Personen, die im Umfeld „linker" Parteien zu Hause sind. Das erstaunlichste Argument gegen die Ombudsstelle war, dass meine Schule ein Einzelfall sei. An Schulen mit engagierten Lehrern würde Integration ohnehin wunderbar funktionieren, und dies sei schließlich die überwiegende Mehrheit.

Wie ich im vergangenen Jahr erlebt habe, ist das Gegenteil der Fall. Ja, in Wien ist die Situation in einigen Bezirken besonders dramatisch, aber die integrationspolitischen Schwierigkeiten, die es an Wiener Brennpunktschulen gibt, gibt es an allen österreichischen Schulen in Ballungsräumen mit einem ähnlich hohen Anteil an muslimischer Schülerschaft.

Der Hauptgrund dafür, dass ich mich zu einem Wechsel vom Klassenzimmer ins Ministerium entschieden habe, war, dass ich wissen wollte, inwiefern sich die kulturellen, sozialen und finanziellen Probleme an Österreichs Brennpunktschulen ähneln, mit welchen bürokratisch-organisatorischen Hürden und inhaltlichen Herausforderungen die Lehrer in anderen Bundesländern konfrontiert sind und warum sich in unserem Schulsystem seit Jahrzehnten keine echten Reformen durchführen lassen. Viele Lehrer, Schulleiter, Sozialarbeiter und Eltern von Schülern unterstützten mich in meiner Entscheidung, die Stelle anzunehmen: „Vielleicht kannst du endlich auf unsere Probleme aufmerksam machen, sonst hört eh niemand zu", hofften sie.

Darüber hinaus interessierte mich, wie diese „heiligen Hallen" des Bildungsministeriums tatsächlich funktionieren. Egal welcher Partei der Minister und sein Kabinett angehören: Unter Lehrern ist das Ansehen der vorgesetzten Behörde nicht wirklich hoch. Viele Lehrer und Direktoren beklagen, dass in dieser Behörde sehr häufig weltfremde und praxisferne Entscheidungen getroffen werden; Entscheidungen und Vorgaben, die völlig an den Bedürfnissen der Schüler vorbeigehen. Ob dies nun die Einführung der Neuen Mittelschule, der Deutschförderklassen oder die Fülle an Testungen bis hin zur Zentralmatura betrifft: Mit dem, was viele Schüler wirklich brauchen, haben diese Neuerungen nicht viel zu tun. Die Leitung der Ombudsstelle gab mir die Gelegenheit, tiefere Einblicke in dieses System zu gewinnen. Warum herrscht so eine große Kluft zwischen dem, was Schüler und Lehrer brauchen, und den Vorstellungen der Bildungsexperten im Ministerium? Liegt es am mangelnden Engagement der Lehrer, dass sich die Leistungen der Schüler an Brennpunktschulen kaum verbessern? Sind Lehrer rassistisch und islamophob, wenn sie von Problemen mit muslimischen Schülern erzählen? Wie viel Verantwortung tragen das Elternhaus und das soziale Umfeld der Kinder und Jugendlichen? Inwieweit und warum versagt hier das österreichische Schulsystem? Und wie könnte man die Situation verbessern?

Im Ministerium waren alle sehr neugierig, wer diese neue Leiterin der Ombudsstelle ist, denn sie kannten mich nur als Buchautorin und aus diversen Interviews. Bei den ersten Gesprächen fiel sehr schnell auf, dass sich zwar alle große Sorgen um die Schulen machen, egal ob das die sprachlichen Defizite, die kulturellen Auseinandersetzungen oder das erschreckend schlechte Unterrichtsniveau war. Nahezu alle wissen:

Vieles läuft nicht so, wie es sollte. Doch vielen fehlt der Einblick in die Schulrealität. Was im Klassenzimmer wirklich vor sich geht und was gebraucht wird, wissen im Ministerium die wenigsten. Daher profitieren die Lehrer und Schüler vor Ort auch nur äußerst selten von den diversen ministeriellen Maßnahmen und Aktionen. Dass das so ist, liegt allerdings auch nur zum Teil an der mangelnden Praxiserfahrung vieler Ministeriumsmitarbeiter. Sie geben ihr Bestes, aber auch sie sind Teil des Systems. Alle sind in diesem Apparat aus Ideologie, Machtstreben und Parteipolitik gefangen. Viele im Ministerium erhofften sich durch mich einen praxisnahen und ideologiefreien Einblick ins Klassenzimmer. Für die Experten war ich quasi das Bindeglied zur Schulwelt. Dass das Kabinett hauptsächlich erwartete, durch mich Argumente für ihre parteipolitischen Positionen und Forderungen zu erhalten, konnte ich zu Beginn meiner Tätigkeit noch nicht erkennen. Es sollte aber nicht lange dauern, bis dieser Machtkampf im Ministerium ausbrach.

Das Bildungsministerium erscheint von den Problemen an den Schulen entkoppelt. Zwischen der Realität im Klassenzimmer und den theoretischen Überlegungen im Ministerium klafft eine Lücke, die immer größer wird. Es ist, als hätten wir zwei Welten: auf der einen Seite die Schulen mit sehr spürbaren Konflikten und Herausforderungen, und auf der anderen Seite die oberste Bildungsbehörde des Landes mit unzähligen Arbeitsgruppen und Expertenrunden, die theoretisch-abstrakt über Dinge nachdenken, die sich schneller und anders entwickeln, als es in diesen Runden nur annähernd diskutiert wird. Beide Welten haben immer weniger miteinander zu tun. Es fehlt nicht nur der praktische Bezug, sondern auch der ideologiefreie Zugang.

Dieses Defizit spiegelt sich deutlich in den vielen Hochglanzbroschüren wider, die an allen Schulen verteilt und in denen die Reformen, wie sie es nennen, zusammengefasst werden. Manchmal erhalten sie nur die Direktionen, manchmal alle Lehrer. Aus eigener Erfahrung kann ich sagen: Wer auch immer diese Informationen erhält, sie landen sehr oft im Müll. Es gibt für alles Broschüren: von Empfehlungen für den Sportunterricht über kindgerechten Unterricht, gesunde Ernährung, Radikalisierung, Sprachförderung, Musikerziehung, Bildnerische Erziehung bis zu Wegweisern für die Kooperationen mit Betrieben. Entweder gehen viele dieser Informationen vollkommen an den Problemen, mit denen die Lehrer in den Schulen zu kämpfen haben, vorbei, oder es sind so viele Mitteilungen, dass sich niemand mehr auskennt.

Wie wirklichkeitsfremd diese Informationen teilweise sind, zeigt eine Broschüre mit inkludierten Spielkarten, die an alle Schulen verschickt wurde. Jugendliche sollten bestärkt werden, sich zu ihrer sexuellen Orientierung zu bekennen. Das Motto: „Lesbisch sein ist ganz normal. Sei mutig und steh dazu.“ Dies kann bestenfalls eine interessante Ergänzung sein. In Klassen, in denen die Mehrheit der muslimischen Mädchen nicht einmal einen männlichen Partner selbst wählen darf, geht so eine Broschüre völlig an der Realität vorbei. Es ist undenkbar für die Mädchen, einen Nicht-Muslim zu heiraten, ganz zu schweigen davon, ihren Eltern zu eröffnen, dass sie Frauen lieben.

Oft gibt es auch noch Arbeitsgruppen zu diversen Themen in den Bildungsdirektionen der Länder. Es läuft viel zu viel parallel. Und am Ende bekommen die Schulen dann alles auf den Tisch und sollen diese Maßnahmen, Empfehlungen oder Anordnungen umsetzen.

Nicht selten widersprechen die Mitteilungen einander auch noch. Die Sprachförderung ist dafür ein gutes Beispiel. In diesem Bereich wird ständig etwas verändert. Jede Regierung möchte zeigen, dass sie das beste Konzept hat. Aushalten und ausführen müssen es die Lehrer vor Ort, deren Arbeit durch die unzähligen Änderungen erschwert und manchmal sogar wieder zerstört wird. Jeder Politiker glaubt, es besser zu wissen. Dabei haben Sprachförderkonzepte nichts mit Ideologie zu tun, und sie sollten auch nicht auf Legislaturperioden abgestimmt werden müssen. Was fehlt, ist ein größeres Konzept, auf das man sich parteiübergreifend verständigt.

Bei uns findet genau das Gegenteil statt. Je nachdem, welche Partei in der Regierung und in der Bildung gerade das Sagen hat, deren Vorstellung wird in den Arbeitsgruppen umgesetzt. Ja, so funktioniert unser politisches System. Aber so funktioniert keine Sprachförderung. Natürlich müssen die gewählten Volksvertreter gestalten, dafür sind sie gewählt. Aber ich bezweifle, dass jemand einer Partei dezidiert seine Stimme gibt, weil diese eine bestimmte Sprachförderung umsetzen möchte. Die Bildungskonzepte der Parteien sind zu sehr ideologisch motiviert und berücksichtigen zu wenig die tatsächlichen Entwicklungen in unseren Schulen.

Zum Wettstreit der Ideologien kommt das Geschacher um Posten. Um Fragen, wie unsere Schulen für die aktuellen und zukünftigen Herausforderungen vorbereitet werden, geht es eigentlich nie. Es geht um Posten, Macht und die eigene Karriere. Da bei jedem Regierungswechsel Personen der Vorgängerregierung untergebracht werden müssen, wachsen die Abteilungen im Ministerium kontinuierlich. Ich habe manchmal gestaunt, wie gut sich die Leute tatsächlich verstehen, wenn es darum geht, die Posten auszuhandeln, obwohl sie politisch erbitterte Feinde sind. Wenn es um Posten geht, dann ist man „lösungsorientiert", nach dem Motto: „Ich übernehme diesen Bereich, und du bekommst dafür diesen Posten." Wie geschmiert dieses System zwischen Rot und Schwarz läuft, hat mich schon irritiert. Denn auf der anderen Seite blockiert man sich gegenseitig, ohne dies inhaltlich sinnvoll zu finden. Dann sind parteipolitische Überlegungen wieder wichtiger als inhaltliche. Es ist absurd. Für den Steuerzahler verursacht das aufgrund eines aufgeblähten Verwaltungsapparats unnötige Kosten. Für Lehrer und Schüler bewirkt es ein inhaltliches Chaos.

Eine sehr große Kluft herrscht zwischen dem Kabinett im Bildungsministerium und den Bildungsdirektionen der Länder, besonders wenn sie parteipolitisch unterschiedlich „gefärbt" sind. Dieses zunehmend feindselige Konkurrenzverhältnis ist eine der Hauptursachen für das organisatorische und inhaltliche Chaos an unseren Schulen. In der obersten Führungsebene dieser Abteilungen tobt ein parteipolitischer Machtkampf, ausgetragen auf dem Rücken von Lehrern und Schülern. Besonders ausgeprägt ist diese Auseinandersetzung zwischen dem Bund und der roten Bildungsdirektion in Wien. Teilweise werden Vorgaben aus dem Ministerium gefiltert und nur jene Hinweise weitergeleitet, die ideologisch genehm sind. So wurden Wiener Pflichtschulen, als es um die Studie zum sozialen Klima in Österreichs Schulklassen ging, gezielt nicht oder sogar falsch informiert. Die Studie wurde als „Bespitzelungsinstrument" des Ministeriums dargestellt. Als eine Umfrage der Wiener Bildungsdirektion zu den Deutschklassen an Pflichtschulen gemacht wurde, war die Angabe der Mailadressen von Lehrern hingegen kein Problem. Dieser Umstand war sowohl der Wiener Bildungsdirektion wie auch der sozialdemokratischen Lehrergewerkschaft bekannt. Es war aber wichtiger, seinem politischen Gegner die Stirn zu bieten, als fundierte Informationen über die soziale Situation in unseren Schulen zu erarbeiten.

Dass nur unzureichend oder sogar falsch informiert wird, ist offenbar kein Einzelfall. Ich erinnere mich an eine Aussage des Generalsekretärs im Ministerium, als er die Bildungsdirektoren ausdrücklich darauf hinwies, die Informationen aus dem Ministerium doch bitte „genauer zu lesen". Gemeint war, dass diese bitte immer vollständig weitergegeben werden sollten. Es sind sehr stark diese täglichen Machtkämpfe zwischen Bund und Ländern, die Schuld am bildungspolitischen Verfall haben. Bei kleinen Fragen „dealt" man sich was aus, bei großen Aufgaben blockiert man einander. Das System ist so aufgebaut, dass diejenigen, die keinerlei Anstrengungen unternehmen, die wahren Probleme zu erkennen, in einem Zustand seliger Ignoranz verbleiben können, und dass es für diejenigen, die sich um Ehrlichkeit bemühen, nahezu unmöglich ist, sich in diesem System Gehör zu verschaffen.

Nach dreißig Jahren Schulalltag wechselte ich in diese „Parallelwelt". Vom ersten Tag an bemerkte ich, wie enorm der Unterschied zwischen der Arbeit eines Beamten im Ministerium und jener eines Lehrers ist. Im Ministerium arbeiten Menschen, die seit Jahren keinen Schulalltag erlebt haben, manche sogar überhaupt nie. Es dreht sich viel um Ressourcen, Parteipolitik, Verwaltung und Dienstrecht. Kinder und die Probleme, die sie in ihren Familien wie in der Schule haben, sind kaum Thema. Viele sind vor allem darauf bedacht, dem politischen Gegner keinen Erfolg zu ermöglichen und die Länder, also die Bildungsdirektionen, nicht zu verärgern.

Wie soll man die Schulrealität verstehen, wenn man ausschließlich in der Welt des Ministeriums lebt? Das scheint mir kaum möglich. Genau diese Kluft zwischen politischer Behörde und Lehrer-Basis war letztendlich einer der Gründe, weshalb ich die Leitung der Ombudsstelle übernommen habe. Es war eine Möglichkeit, mir ein Bild von Brennpunktschulen in ganz Österreich zu machen. Und ich sah die Chance, konkrete Lösungen zu erarbeiten und Maßnahmen zu empfehlen, diese Lücke zwischen Technokraten im Ministerium und Pragmatikern in den Klassenzimmern zu verkleinern. Denn klar ist: Veränderungen sind nur möglich, wenn beide Seiten zu-sammenarbeiten und an einem Strang ziehen.

Nach dem Erscheinen des Buches „Kulturkampf im Klas-senzimmer" wurde vor allem von „linker" Seite der Vorwurf geäußert, meine Schule sei ein Einzelfall. Ich würde zu Un-recht verallgemeinern und mit meinen Schilderungen über-treiben. Die meisten Schulen würden diese Probleme nicht kennen. Aus Wien wusste ich aus zahlreichen Schilderun-gen von Lehrern, dass Schüler an ihren Schulen ähnliche Probleme haben. Ich war gespannt darauf, Österreichs an-dere Brennpunktschulen kennenzulernen. Schnell merkte ich, dass Lehrer überall mangelnde Durchmischung und die Folgen davon beklagen: Die Deutschkenntnisse vieler tür-kischstämmiger Schüler sind schlecht, obwohl sie bereits in der dritten Generation in Österreich leben. Es gibt Probleme mit der Teilnahme von Mädchen am Sportunterricht. Mus-limische Schüler boykottieren von der Schule organisierte Aktivitäten und Ausflüge. Eigentlich erinnerte die Situation oft an jene in meiner Schule. Interessant fand ich, wie unter-schiedlich die Reaktionen der Verantwortlichen in den ein-zelnen Bundesländern waren, je nach parteipolitischer Zu-gehörigkeit. In „schwarzen Bundesländern" wurden fehlende Ressourcen beklagt. Aber auch Probleme mit muslimischen Schülern und deren Eltern sowie der Einfluss der Moscheen waren Thema. Wir sprachen offen über diese Problematik, auch im Beisein des Bildungsdirektors. Vor allem im rot-grü-nen Wien war Offenheit allerdings nur in Einzelgesprächen möglich. Die offizielle Version der roten Bildungsdirektion war: Wir brauchen mehr Ressourcen, die Deutschklassen sind rassistisch, das türkise Bildungsministerium verhindert Integration. Probleme, die Schüler in den Familien haben, sowie ihre mangelnden Deutschkenntnisse wurden ausschließlich auf fehlende Ressourcen zurückgeführt.

Etwa ein Jahr hatte ich detaillierten und intensiven Einblick in die Arbeitsbereiche, Strukturen und Mechanismen des Bildungsministeriums. Am meisten hat mich verwundert, wie wenig Handlungsspielraum ein Minister und sein Kabinett haben, wie wenig die oberste Bildungsbehörde in diesem Land gestalten kann, wie wenig sie reformieren kann. So, wie ich es erlebt habe, ist sie weitestgehend machtlos. Sie beugt sich dem System der parteipolitischen Interessenvertretungen. Sehr oft kann der Minister nichts gegen die über Jahrzehnte gewachsenen Verwaltungsstrukturen unternehmen. Der Apparat bestimmt. Die Folge dieser Ohnmacht sind oft überhastete Scheinreformen. Obwohl kaum eine wirkliche Handlungsfähigkeit besteht, möchten Minister und Kabinett so tun, als ob sie die Aufgaben im System angehen würden. Man will möglichst schnell etwas nach außen „verkaufen". Dabei spielt es anscheinend oft keine Rolle, ob diese Maßnahme nachhaltig und geeignet ist, die Situation in den Schulen zu verbessern.

Besonders stark hat sich diese Machtlosigkeit beim Thema Ethikunterricht offenbart. Der damalige Bildungsminister Heinz Faßmann hätte sehr gerne einen verpflichtenden Ethikunterricht für alle Schüler eingeführt und nicht nur für die Schüler der Oberstufe, die sich vom konfessionellen Religionsunterricht abgemeldet haben. Was bei dessen Einführung als Kompromiss verkauft wurde, bringt nichts und ist reine Augenauswischerei. Aber am Ende war die katholische Kirche wieder einmal mächtiger als die Befürworter des allgemeinen Ethikunterrichts.

So richtig bewusst wurde mir das, als ich beschloss, mich mit Vertretern der Religionsgemeinschaften zu Gesprächen zu treffen. Selbstverständlich wollte ich bei diesen Terminen den Wunsch vieler Lehrer und Leiter nach einem gemeinsamen Ethikunterricht ansprechen. Die Aufregung und Verärgerung über mein Vorhaben waren vonseiten des Kabinetts groß. In Bezug auf die Islamische Glaubensgemeinschaft konnte ich diese Bedenken noch einigermaßen nachvollziehen. Bei der katholischen Kirche war ich jedoch überrascht.

„Wir haben keine Lust auf einen Anruf aus der Erzdiözese." Aussagen wie diese ließen mich ratlos zurück. Das Gespräch mit Vertretern der katholischen Kirche verlief letztendlich sehr angenehm und produktiv. Sie hatten bereits ein Konzept für eine gemeinsame Ethikstunde aller Schüler entwickelt. Dieses müsste jedoch in Abstimmung mit allen anderen Religionsgemeinschaften wie auch der Erzdiözese erfolgen. Es bleibt abzuwarten, ob es umgesetzt wird.

Alle hochrangigen Bildungspolitiker, mit denen ich seit der Veröffentlichung des Buches „Kulturkampf im Klassenzimmer" gesprochen habe, sind, solange man mit ihnen privat spricht, inhaltlich nicht weit voneinander entfernt. Öffentlich vertreten sie dagegen oft andere Positionen, und zwar jene ihrer Partei. Das ist erstaunlich und tragisch zugleich. Sie wissen im Grunde sehr gut, wo die Probleme liegen. Und sie wissen, dass besonders im Bildungsbereich jegliche Veränderungen Zeit brauchen, um zu greifen, deutlich mehr Zeit, als eine Legislaturperiode einem zugesteht. Auch um zu sehen, ob eine Maßnahme überhaupt hilfreich war oder nicht. Aus Mangel an Zeit und parteipolitischem Freiraum werden tiefgreifende Veränderungen oft erst gar nicht in Angriff genommen. Man begnügt sich häufig mit oberflächlichen Maßnahmen. Was in diesen Fällen zählt, ist, wie eine Maßnahme medial verkauft wird, und nicht, ob sie eine tatsächliche Verbesserung an den Schulen zur Folge hat.

PARTEIPOLITISCHE VEREINNAHMUNG

Nach meinem Antritt als Ombudsfrau dachten viele, ich würde mich inhaltlich schnell der parteipolitischen Linie des schwarzen Bildungsministeriums annähern. Das Kabinett des damaligen Ministers Faßmann ging davon aus, dass ich froh wäre, eine neue „politische Heimat" gefunden zu haben. Sicher auch, weil sie bemerkt hatten, wie „verloren" ich nach meinem Schritt an die Öffentlichkeit war. Ich hatte mit der sozialdemokratischen Gewerkschaft endgültig gebrochen, viele langjährige Wegbegleiter vor den Kopf gestoßen und musste mich immer wieder gegen Instrumentalisierung seitens der Rechten wehren. Dass das für mich nicht einfach war, hatten sie natürlich auch mitbekommen. Entsprechend enthusiastisch versuchten die Schwarzen mich in ihren Kreis aufzunehmen. Ich wollte das nicht. Es war nie mein Ziel, eine neue, wie auch immer gefärbte, politische Heimat zu finden.

Bereits nach einigen Monaten im Ministerium bemerkte ich, dass die Leitung meiner Ombudsstelle vom Kabinett nicht weisungsfrei und unabhängig verstanden wurde, obwohl Minister Faßmann genau dieses Versprechen in der Pressekonferenz, die diese neue Initiative ankündigte, Ende 2018 abgegeben hatte. Und genau so war es mir auch versprochen worden. Das war die Theorie. Es klang gut für die Medien.

Die Praxis war eine andere. Ich bekam von Anfang an Berater des Ministeriums zur Seite gestellt. Die Beratung zielte aber nicht darauf ab, mich in meiner Arbeit zu unterstützen. Sie war offensichtlich darauf ausgerichtet, mich zu kontrollieren. Selbst in Gesprächen mit Lehrern sollte ich nicht von der parteipolitischen Linie des Kabinetts abweichen. Nach Terminen berichtete ich, wie sehr die Schulen inhaltliche und strukturelle Unterstützung benötigen oder wie sie sich durch Vorgaben des Ministeriums und der Bildungsdirektionen eingeengt fühlen. Ich hatte nicht den Eindruck, dass man dies besonders ernst nahm. Mich damit zu beschäftigen, sei nicht meine Aufgabe, hieß es aus dem Kabinett. Meine Ombudsstelle bestehe allein darin, sich die Sorgen der Lehrer mit Schülern und Eltern anzuhören. Betrafen diese Sorgen strukturelle Aspekte, für die auch die ÖVP verantwortlich zu machen war, erklärte man mich für nicht mehr zuständig. Ich sollte diese Kritik weder besprechen noch dokumentieren. Es war absurd.

Selbstverständlich machten beispielsweise Sprachprobleme neben den kulturellen Schwierigkeiten einen Großteil der Gesprächsinhalte aus. Wenn man über mangelnde Integration spricht, kommt man an den fehlenden Deutschkenntnissen der Schüler und den Kommunikationsproblemen mit ihren Eltern nicht vorbei. Was hätte ich tun sollen? Die Lehrer und Leiter unterbrechen und darauf hinweisen, dass dies nicht Thema meines Besuchs sei? Das würde der Aufgabe einer Ombudsstelle widersprechen. Vor allem dann, wenn sich diese Ombudsstelle mit Wertefragen und kulturellen Konflikten beschäftigt. Man kann kulturelle, religiöse und strukturelle Probleme nicht isoliert voneinander betrachten. Mitgliedern des Kabinetts, wie auch einigen Beamten in den Abteilungen, war anscheinend nicht klar, dass Integrationskonzepte mehr Sprachförderung und Ressourcen benötigen, wie auch Maßnahmen bei Verstößen und Desinteresse der Eltern. Darüber hinaus brauchen Schulen die Unterstützung der Religionsgemeinschaften, vor allem der Islamischen Glaubensgemeinschaft. Vieles davon wollte man im Kabinett nicht hören.

Wie ernst ich es mit der parteipolitischen Unabhängigkeit dieser Ombudsstelle nahm, wurde von vielen im Ministerium unterschätzt. Wie sehr dem Kabinett diese Freiheit zuwider war und wie hartnäckig und hemmungslos es mit allen ihm zur Verfügung stehenden Mitteln dagegen vorzugehen versuchte, hatte ich unterschätzt. Die Enttäuschung des Kabinetts darüber, dass ich mich parteipolitisch weder zu- noch einordnen wollte, konnte ich nach jedem Schulbesuch spüren, wenn ich die Anliegen der Lehrer rückmeldete. Diese beklagten stets die fehlende Durchmischung, kritisierten die Deutschklassen und forderten einen verpflichtenden Ethikunterricht für alle. Doch davon wollte das schwarze Kabinett nichts wissen, denn das passte nicht in ihr ideologisches Konzept. Dass sich selbst viele schwarze Schuldirektoren in den Bundesländern gegen das eingeführte Modell der Deutschklassen aussprachen, weil sie die Trennung der Schüler als kontraproduktiv für den Lernerfolg empfanden, wischten die Verantwortlichen im Kabinett einfach vom Tisch. Ich wurde regelrecht gedrängt, diese Rückmeldungen aus den Schulen der Bundesländer unter keinen Umständen öffentlich zu machen. Die Angst, dass etwas von mir nach außen getragen werden könnte, was nicht ihrer, also der türkisen, Linie entsprach, schien über die gesamte Zeit spürbar. Wirklich verstanden habe ich diese Sorge nie. Wovor fürchteten sie sich? Es zeigt, wie wenig Interesse im Kabinett von Anfang an zu bestehen schien, einen unabhängigen Bericht über die Situation an unseren Schulen zu erhalten. Meine Arbeit sollte ausschließlich die politischen Positionen der Volkspartei untermauern – das war jedenfalls mein Eindruck. Es schien mir, als sollte ich Argumente, Beispiele und Hinweise zusammentragen, die ihre Sicht stärkten. Ab dem Zeitpunkt, als klar war, dass ich bei diesem Spiel nicht mitmachen würde, fühlte ich mich unter Beobachtung. Jeder Schritt erschien skeptisch begleitet, jedes Gespräch kritisch beäugt, jeder Medientermin glich einem Politikum. Meine Arbeit als Ombudsfrau entwickelte sich für mich von Monat zu Monat zu einem größeren Machtkampf um die Frage: Wie parteipolitisch ist diese Ombudsstelle?

Mit dem sich zuspitzenden Wahlkampf im Herbst 2019 wurde diese Auseinandersetzung intensiver. Die Furcht im Kabinett, ich könnte in der Öffentlichkeit etwas sagen, was vielleicht einer sozialdemokratischen Linie entspricht, schien mir mit der nahenden Nationalratswahl zu wachsen. Diese Furcht nahm absurde Formen an. So warf mir zum Beispiel eine Kabinettsmitarbeiterin vor, dass ich noch immer für die Gesamtschule sei. Was erwarteten sie von mir? In diesem Moment dachte ich mir: Glaubt ihr, dass ich meine pädagogischen Überzeugungen nun einfach so über Bord werfe, nur weil das nicht ÖVP-Linie ist? Ich bin auch für die Abschaffung aller religiösen Symbole, und nicht nur für ein Kopftuchverbot.

Genau das war aber das Problem. Sie wollten offensichtlich keine unabhängige Ombudsstelle. Sie wollten eine Ombudsfrau auf ÖVP-Linie. So fühlte ich das Misstrauen mir gegenüber praktisch jeden Tag wachsen, und damit auch die Kontrolle des ministeriellen Apparats. Im Umgang mit kritischen Mitarbeitern unterscheidet sich das Ministerium nicht von der Gewerkschaft. Es sind dieselben Mechanismen. Alles wurde erfasst und dokumentiert: mit wem ich gesprochen habe, was der Inhalt des Gesprächs war. Und alles musste abgesprochen werden: jede Interviewanfrage, jeder Termin. Über allem schien mir stets die Sorge zu stehen, dass ich irgendwo irgendetwas sagen könnte, was dem Minister schaden könnte. Der vorauseilende parteipolitische Gehorsam wirkte enorm.

Dabei teilte Minister Faßmann die Befürchtungen der engsten Kabinettsmitarbeiter in dieser Form keineswegs. Dass ich parteipolitisch unabhängig und weisungsfrei agieren sollte, stand für ihn zu keinem Zeitpunkt zur Diskussion. Er stärkte mir sehr oft den Rücken. An den strategischen Machtspielchen im Bildungssystem war er nie interessiert, obwohl er durch sein Amt nun im Zentrum dieses Konflikts stand. Ihm ging es stets um die Suche nach sachpolitischen, ideologiefreien Lösungen. Das muss ich ganz deutlich sagen: Die parteipolitische Vereinnahmung ging zu keinem Zeitpunkt vom damaligen Minister Heinz Faßmann aus, sondern immer nur von Mitgliedern seines Kabinetts. Als ich bei einem meiner ersten Termine als Ombudsfrau den Bildungsdirektoren der Länder empfahl, nicht so parteipolitisch zu agieren, sondern die Themen sachlicher zu diskutieren, wurden Kabinettsmitarbeiter sehr blass. Die Empörung über diese Bitte war entsprechend groß. Sie vermittelten mir den Eindruck, einen großen Fehler gemacht zu haben. Damals dachte ich noch, sie meinten es gut mit mir. Also ging ich zum Minister und entschuldigte mich für diesen forschen Auftritt. Doch er sah darin überhaupt kein Problem. Im Gegenteil, er bestärkte mich, diese Stelle so auszuüben, wie ich es für richtig hielt. „Das passt schon, Frau Wiesinger. Es ist alles okay." Diese Sätze sollte ich in den darauffolgenden Monaten noch einige Male hören. Denn meine Konflikte mit seinem Kabinett endeten manchmal bei ihm im Büro. Einmal waren es Interviews, die ich nicht geben wollte, ein anderes Mal öffentliche Auftritte, die das Ministerium nicht passend fand, oder aber vorgefertigte Antworten, die ich nie geben würde. Manchmal hatte ich den Eindruck, am liebsten hätten sie eine Sprechpuppe ohne eigene Meinung. Ich sollte detailliert abgesprochene Antworten präsentieren, deren Inhalt ich zum Teil vollkommen anders sah. Was ich als inakzeptable Vereinnahmung und Instrumentalisierung empfand, stellten sie als professionelle Medienarbeit dar. Sie behaupteten stets, mich schützen zu wollen. Ich würde sonst Gefahr laufen, von den Medien auseinandergenommen zu werden.

Wir entfernten uns immer weiter voneinander. Offenbar hatten das Kabinett und ich sehr unterschiedliche Erwartungen an diese Ombudsstelle. Hätte ich gewusst, wie wenig das Kabinett daran interessiert war, eine unabhängige Person mit dieser Aufgabe zu betrauen, wäre ich nie auf die Idee gekommen, aus dem Klassenzimmer ins Ministerium zu wechseln.

Dieser Konflikt überlagerte das gesamte Jahr im Ministerium. Mehrmals wollte ich meine Arbeit als Ombudsfrau vorzeitig beenden. Es ging einfach nicht mehr. Zu groß waren die Differenzen, zu groß das Misstrauen, zu klein mein Handlungsspielraum. Für mich war von Anfang an klar: Ich mache das, weil ich mehr über die Situation an Österreichs Schulen erfahren will. Doch das war unter diesen Umständen kaum möglich. Eine ehrliche und konstruktive Zusammenarbeit auf Augenhöhe hat es aus meiner Sicht in der gesamten Zeit nicht gegeben. Im besten Fall war es ein Nebeneinander, leider aber oft eher ein Gegeneinander. Mein Wunsch, als Lehrerin in die Schule zurückzukehren, wurde von Monat zu Monat größer.

Auch wenn ich zwischenzeitlich immer wieder ans Aufgeben dachte, entschied ich mich am Ende immer dagegen. Ich wollte den Bericht der Ombudsstelle fertigstellen. Dafür reiste ich fast ein Jahr durch Österreich, führte und protokollierte unzählige Gespräche. Doch mein Wille, das wahre Ausmaß unserer Schulprobleme aufzuzeigen, hatte auch Grenzen. Die inhaltlichen Konflikte im Ministerium wurden immer sichtbarer. Die permanenten Vorwürfe und Unterstellungen ranghoher Kabinettsmitglieder hinterließen bei mir Spuren. Während ich alles daransetzte, eine parteipolitisch wirklich unabhängige Anlaufstelle für alle Lehrer in Österreich zu sein, mich mit vielen verschiedenen Personen und Interessenvertretern im Bildungssystem austauschte, um ein möglichst vollständiges Bild über die Situation an unseren Brennpunktschulen zu erhalten, wurden mir vom Kabinett ständig Steine in den Weg gelegt. Ausgerechnet diejenigen, die mich bei meiner Arbeit unterstützen sollten, machten auf mich den Eindruck, als arbeiteten sie gegen mich.

Nach einigen Monaten verdichtete sich für mich der Eindruck, dass kaum jemand an einem ergebnisoffenen Bericht von mir interessiert war. Ich sollte Argumente und Beispiele für die parteipolitische Agenda der ÖVP sammeln. Wenn ich darauf gedrängt habe, dass auch Themen wie soziale Durchmischung, Gesamtschule und Ethikunterricht im Bericht umfassend behandelt werden müssten – also Themen, die nicht dem parteipolitischen Programm der ÖVP entsprachen –, kam es zu Konflikten mit dem Kabinett. Während dieser Zeit war meine Mitarbeiterin, die mich auf vielen Schulterminen begleitete, eine große Hilfe. Anfangs empfand ich ihre Begleitung als Kontrolle, doch je öfter wir gemeinsam unterwegs waren und je intensiver sie Einblick in die Realität vieler Brennpunktschulen erhielt, desto mehr wuchsen wir zusammen. Ich war sehr froh, dass sie bei manchen sehr heiklen Terminen dabei war, bei denen sie die Betroffenheit vieler Lehrer direkt spürte. Sie bemerkte zunehmend, wie dramatisch die Situation in vielen Schulen ist. Ihre Reaktionen nach diesen Gesprächen und die Rückmeldungen zahlreicher Vertrauter bestärkten mich, den Bericht unbedingt fertigzustellen.

Auf Unverständnis und Widerstand trafen im Ministerium besonders meine Versuche, den Einfluss der Religion in den Schulen zu problematisieren. Das betraf primär die katholische Kirche und die Islamische Glaubensgemeinschaft. Immer wieder bestätigten mir Lehrer, dass sie den Einfluss der Moschee, die ihre Schüler besuchen, für ein von der Politik unterschätztes Risiko hielten. Meine Beobachtung, dass der Imam in der Moschee sehr viel mehr Einfluss auf die Kinder hat als der Islamlehrer in der Schule, wurde an vielen Schulen bestätigt. Dies ist eine gefährliche Situation. In der Moschee werden eher anti-westliche Ressentiments geschürt als abgebaut. Und wie mir zahlreiche Leiter berichteten, trägt kaum ein islamischer Religionslehrer dazu bei, diese religiös aufgeladene Stimmung in den Klassenzimmern abzuschwächen. Umso irritierender war es zu erleben, wie viel Mitsprache man den Glaubensgemeinschaften gewährte. Dass in den westlichen Bundesländern Österreichs die katholische Kirche weiterhin beim Stundenplan einer öffentlichen Schule mitentscheidet, war überraschend für mich. Offenbar genügt ein Anruf aus der Erzdiözese, um den Religionsunterricht auf den Vormittag zu verlegen. Wenn man dies der katholischen Kirche zugesteht, muss es selbstverständlich auch für andere Religionsgemeinschaften gelten. So werden wichtige Personalressourcen nur für die Beaufsichtigung der Schüler verwendet, die nicht in den Religionsunterricht gehen. Viele Schulleiter hofften in dieser Sache auf Unterstützung des Ministeriums. Doch gegen die katholische Kirche und ihre Anliegen scheint man sich unter keinen Umständen stellen zu wollen. Mehrmals brachte ich das Anliegen der Schulleiter zur Sprache. Immer wieder wurde es abgelehnt.

Daraufhin hatte ich die Idee, mich mit Vertretern der Religionsgemeinschaften zu treffen, um über religiöse Konflikte und das Stundenplanproblem zu sprechen. Als ich dies dem Ministerium mitteilte, eskalierte die Situation. Mein Plan war es, bei diesen Gesprächen auch den gemeinsamen Ethikunterricht ab der Volksschule zu erwähnen. Dieser wurde im Grunde von allen Lehrern an Österreichs Brennpunktschulen dringend gefordert. Die Reaktion des Ministeriums war so heftig wie nie zuvor. Ich habe als Gewerkschafterin und Personalvertreterin schon viele verbale Auseinandersetzungen erlebt und geführt, aber die Reaktion des Ministeriums auf mein vereinbartes Gespräch mit den Religionsgemeinschaften übertraf alles. Nach längeren Diskussionen und Terminverschiebungen willigte ich ein, die Gesprächstermine gemeinsam mit Ministeriumsmitarbeitern vorzubereiten. Die Fragen wurden Wort für Wort vorbereitet. Bedenken und Einwände, vor allem jene der Islamischen Glaubensgemeinschaft, wurden bis ins Detail durchgespielt. Die Fragen sollten möglichst neutral sein. Ich sollte vor allem zuhören. Den Menschen zuzuhören wäre überhaupt meine wichtigste Aufgabe. Mir war es jedoch nicht genug, Kummerkasten für Lehrer, Leiter und Sozialarbeiter zu sein. Die Menschen, mit denen ich Gespräche führte, erwarteten dies auch nicht von mir. Sie wünschten sich, dass ihre Anliegen ehrlich und offen angesprochen, diskutiert und im Bericht festgehalten werden. So konnte ich gerade in den Gesprächen mit Religionsgemeinschaften keine allgemeinen und unkonkreten Fragen stellen. Mein Eindruck war, dass für das Ministerium durch den Bericht möglichst keine einflussreichen Institutionen und politischen Vereine unter Druck geraten sollten.

Richtig blank lagen die Nerven im Kabinett aber erst, wenn ich Interviewanfragen hatte. Die meisten davon nahm ich nicht wahr. Ich wollte meine Arbeit als Ombudsfrau nicht durch Interviews beeinflussen. Die Probleme und Anliegen der Betroffenen an Brennpunktschulen sollten im Vordergrund stehen. Die Pressestelle des Ministeriums wollte jedes Interview mit mir und dem jeweiligen Journalisten im Vorhinein absprechen. Natürlich ausschließlich zu meinem Schutz, wie mehrmals beteuert wurde. Man müsse vorsichtig mit Medien umgehen und darauf achten, welche Zitate in Interviews veröffentlicht werden. Das konnte ich in den letzten zwei Jahren nur zu gut erfahren. Auswendig gelernte Antworten auf gestellte Fragen widersprechen jedoch meinem Verständnis von Meinungs- und Pressefreiheit. Das ist auch nicht das, was ich meinen Schülern im Unterrichtsprinzip Medienerziehung vermitteln möchte. Ich fühlte mich durch die Anwesenheit eines Mitarbeiters der Pressabteilung bei Interviews zunehmend eingeengt. Nach einem Interview mit einer österreichischen Tageszeitung eskalierte die Situation. Ich hatte das Kabinett über die Anfrage informiert, ihnen aber nur das fertige Interview geschickt. Ich war auch nicht bereit, etwas daran zu ändern. Die gewünschten Änderungen hätten weder meinen Erfahrungen noch meiner Meinung entsprochen. Die Rückmeldung des Kabinetts war: Ich schade dem Ministerium und darüber hinaus auch mir selbst, ich würde mich zwischen alle Stühle setzen und mich selbst ins Abseits bringen.

„Warum tun Sie sich das an?", war noch die freundlichste Rückmeldung. Als ich das Interview trotzdem nicht zurückzog, wollte die Pressestelle des Ministeriums die Aufzeichnungen von der verantwortlichen Journalistin haben. Man könne mir nicht vertrauen. Ich würde das Ministerium belügen und ihm gegenüber nicht loyal sein. Ein wirklich absurder Vorwurf, denn in keinem einzigen Interview habe ich einzelne Mitarbeiter beschuldigt.

Kritik am System und am parteipolitischen Einfluss an Schulen darf ich meiner Meinung nach auch als Beamtin und Leiterin der Ombudsstelle äußern. Als Beamtin des Staates sehe ich mich gerade hier in besonderer Verantwortung, denn der Staat besteht in erster Linie aus uns Steuerzahlern, nicht aus den Interessen der politischen Parteien. Mein einziges „Vergehen" bestand darin, dem Ministerium den genauen Zeitpunkt des Interviews nicht bekannt gegeben zu haben. Ich habe allerdings dessen Inhalt der Pressestelle geschickt. Ich wollte nur nichts daran ändern, relativieren oder abschwächen.

Dieses Schweigegebot betrifft jedoch nicht nur mich als Leiterin der Ombudsstelle. In unzähligen Gesprächen konnte ich erfahren, wie sehr sich Leiter und Lehrer unter Druck gesetzt fühlen, nicht über Missstände in unserem Schulsystem zu sprechen. Der Großteil der Medien wird dabei als Feind gesehen. Jene Medien, die Kabinettsmitarbeiter ihrer Meinung nach im Griff haben, gelten allerdings als Verbündete. So sollte ich zum Beispiel ein Interview mit dem Magazin *Biber* machen. Auf meine Frage, ob das wirklich sinnvoll sei, kam nur die Antwort: „Da wird schon passieren, was wir uns vorstellen, denn sie bekommen schließlich Förderung von uns." Ich habe dieses Interview nicht gemacht.

Die ständigen Versuche, meine öffentlichen Aussagen wie auch Gespräche mit Lehrern und Leitern zu kontrollieren, haben mich an meine persönlichen Grenzen gebracht. Gegen Ende meiner Tätigkeit gingen sie auch darüber hinaus. Als Beamtin der Landes Wien weiß ich, dass man einer Schweigepflicht unterliegt, und auch, unter welchem Behördendruck Lehrer stehen. Die Kontrollversuche des Kabinetts haben mich nicht überrascht. Ich hatte ohnehin keine Illusionen mehr, was dieses hierarchische System betrifft, und auch nicht darüber, weshalb so wenig Veränderung in diesem System möglich ist.

Je länger ich die Ombudsstelle leitete, desto mehr fühlte ich mich wie ein Fremdkörper in diesem System. Ich war immer froh, wenn ich das Ministerium für Termine an Schulen verlassen konnte oder mich zu Gesprächen mit Lehrern, Schulleitern, Eltern und anderen Personen traf. Über alle dienstlichen Gespräche verfasste ich Protokolle. Diese Dokumente bilden die Grundlage für den Bericht der Ombudsstelle.

Auch nach der für die ÖVP so erfolgreichen Wahl im September 2019 entspannte sich die Situation nicht, im Gegenteil. Eine neue Regierung mit einem anderen Koalitionspartner kann auch eine andere Zusammensetzung des Kabinetts bedeuten. Obwohl im Ministerium niemand Angst haben muss, plötzlich auf der Straße zu stehen, nicht einmal große Gehaltseinbußen hat, brachte diese Situation deutliche Verunsicherung mit sich, die ich auch in den kommenden Monaten zu spüren bekommen sollte.

STREITTHEMA DEUTSCHKLASSEN

Ein Thema, das alle Lehrer und Direktoren sehr emotional und intensiv diskutierten, waren die sogenannten Deutschförderklassen. Seit dem Schuljahr 2018/19 müssen Schulanfänger oder in Österreich angekommene Quereinsteiger, die dem Unterricht wegen sprachlicher Probleme nicht ausreichend folgen können, diese Förderklassen besuchen. In 15 bis 20 Wochenstunden werden sie nach eigenen Lehrplänen unterrichtet. Für Fächer wie Zeichnen, Musik und Turnen kommen sie in normale Klassen. Eingerichtet werden die Deutschklassen ab acht Schülern. Nach jedem Semester wird getestet, ob ein Kind ausreichend Deutsch spricht, um in den Regelunterricht zu wechseln.

Unabhängig von der Tatsache, ob Lehrer diese Neuerung ablehnten oder begrüßten, kritisierten fast alle deren überhastete Einführung. Und zwar in fast allen Bundesländern. In Wien lehnten die Verantwortlichen sie gänzlich ab; obwohl gerade da in vielen Bezirken keine Durchmischung der Schüler vorhanden war und die Sprachförderung schon vorher nicht wirklich klappte. Es gibt einfach zu viele Kinder in einer Klasse, die desaströse Deutschkenntnisse haben. Lehrer wie Leiter bestätigten mir dies. An gemeinsamen Lösungen schienen die Verantwortlichen in Wien unter einem schwarzen Bildungsminister jedoch nicht interessiert. Die Wiener

Bildungsdirektion und etliche politisch engagierte Schulleiter befanden sich seit 2017 sozusagen in Daueropposition.

Es gibt Schulen, die durchaus gute Erfahrungen mit den Deutschklassen machen. Wenn nicht mehr als zehn Schüler dort sind und sie von einer kompetenten Lehrkraft unterrichtet werden, machen die Kinder in einem Jahr sehr gute Fortschritte. Dies gelingt aber auch dann nur, wenn sie bereits eine Schule besucht haben und die Eltern mitarbeiten und ihre Kinder unterstützen.

In vielen Bundesländern überwiegen jedoch die schlechten Erfahrungen. Die Trennung der Schüler wird vom überwiegenden Teil der Pädagogen und Leiter als nicht sinnvoll erachtet. Vor allem an Volksschulen, die eine relativ gute Durchmischung haben, sehen Lehrer das neue Konzept kritisch. Hinzu kommt: Die Deutschklassen wurden in vielen Ballungsräumen ohne Plan und ausreichende Vorbereitung eingeführt. Es gab oft zu wenig qualifiziertes Personal und nicht genug Räume. Eine Deutschklasse mit mehr als 15 Schülern ist nicht sinnvoll. Wenn Kinder in ihrem Herkunftsland nie eine Schule besucht haben und kein Deutsch sprechen, müssen Lehrer individueller auf sie eingehen können. Dazu sind kleinere Lerngruppen nötig.

Auch die Rückführung der Schüler in die Regelklasse macht den Lehrern Probleme. Meist können die Schüler dem Unterricht nicht folgen, ihre Deutschkenntnisse reichen für den Lehrplan einer 5. Schulstufe eben nicht aus. So stehen Lehrer vor der Entscheidung: Wen nehme ich mit in die nächste Schulstufe und wen nicht? Zu viele Schüler dürfen die Klasse selbstverständlich nicht wiederholen. Dies würde gerade in Wien zu noch größeren Konflikten mit den Verantwortlichen führen. Wiederholen zu viele Schüler, hat man gerade in Wien Schwierigkeiten, diese in Klassen unterzubringen.

Ein weiteres Problem zeigt sich durch das mehrmalige Wiederholen bereits jetzt. Eine Lehrerin berichtete mir: „Von 25 Schülern meiner Klasse entsprechen nur sieben dem Alter der 5. Schulstufe. Alle anderen sind älter, manche bereits 14 Jahre. Sie vollenden nächstes Jahr ihre Schulpflicht. Was soll aus ihnen werden? Sie haben keine Chance auf einen Hauptschulabschluss."

Mag sein, dass diese Klasse ein extremes Beispiel ist. Tatsache ist: In ganz Österreich besuchen viele „überaltrige" Schüler Klassen. Sie vollenden ihre Schulpflicht ohne Aussicht auf positive Abschlüsse. Zu groß sind ihre Defizite, vor allem in der Sprache. Diese Situation wirkt sich auch auf den Rest der Klasse negativ aus. Diese älteren Schüler geben den Ton in der Klasse an und hindern andere oft am Lernen. Vor allem aber stellen sich Lehrer die Frage: Was werden all diese Schüler tun, wenn sie nur wenig Aussichten haben, in Österreich beruflich Fuß zu fassen?

Das Thema „Deutschklassen" ist zu einem parteipolitischen Schlachtfeld geworden. Bei den Sprachstandserhebungen in Wien wurden die Schüler oft nicht entsprechend ihrer Leistungen eingestuft, sondern sehr viel besser. Mit ihren tatsächlichen Kenntnissen der deutschen Sprache hatte diese Einteilung in vielen Fällen nichts zu tun. Es ging darum, so viele Kinder wie möglich in den Regelunterricht der nächsthöheren Klasse zu bekommen, und dazu musste man sie besser bewerten. Die einen verfälschten bewusst die Ergebnisse, um das System der Deutschklassen zu sabotieren, die anderen aus Angst, den Ruf der Schule zu ruinieren, oder aufgrund räumlicher Zwänge. Fest steht: An vielen Standorten müsste eigentlich mehr als die halbe Klasse aus dem Regelunterricht genommen werden. An vielen Schulen herrscht ein absoluter Sprachnotstand. Das wollen viele Wiener Bildungspolitiker natürlich nicht eingestehen. Es würde schließlich ihre Versäumnisse der vergangenen Jahre, wenn nicht Jahrzehnte, deutlich machen. Statt zuzugeben, dass wir ein gewaltiges Problem haben, das sich immer weiter ausbreitet und jegliche Bildung oder Integration nahezu verunmöglicht, werden lieber Methoden gefunden, mit deren Hilfe sich das tatsächliche Ausmaß dieses Sprachnotstands verschleiern lässt. Dass die Kinder durch diese partei- und machtpolitisch getriebene Strategie auf der Strecke bleiben, wird stillschweigend akzeptiert. Sie sind sehr oft der Kollateralschaden einer blinden ideologischen Politik.

Nach allen meinen Terminen kann ich eines mit absoluter Sicherheit sagen: Es gibt in ganz Österreich kaum eine Schule in einem Ballungsraum, die nicht mit beunruhigenden Sprachdefiziten zu kämpfen hat. Es ist ein Problem für diese Schulen in allen Bundesländern.

So berichteten mir sehr viele Schulleiter und Lehrer aus Wien, Niederösterreich und Oberösterreich, dass kaum ein Kind an ihren Schulen Deutsch als Muttersprache hätte. Viele

Eltern könnten ihre Kinder nicht unterstützen. Und obwohl einige der Schulen Nachmittagsbetreuung anboten, funktionierte die Integration der Schüler nur schlecht. Dies hatte drei Gründe: mangelnde Mitarbeit der Eltern, der Mangel an Sozialarbeitern und vor allem der Mangel an Lehrern. All das verschärfte die Situation enorm. Im Schuljahr 2019/20 wurden gerade diese Schulen noch mit Kindern gefüllt, die neu in Österreich waren. Sie sprachen kein Wort Deutsch und waren teilweise nicht alphabetisiert. So stieg die Schülerzahl in einigen Klassen auf über 25. Deutschklassen mit bis zu 20 Schülern mussten eröffnet werden. Eine Teilung war nicht möglich, da oftmals nicht genügend Lehrer vorhanden waren. In kleineren Ballungsräumen wäre eine Verteilung der Schüler, die neu nach Österreich gekommen sind, möglich gewesen. Doch einige Bürgermeister, unabhängig von ihrer Parteizugehörigkeit, hätten sich massiv dagegen gewehrt, obwohl in ihren Schulen Klassen mit deutlich weniger Schülern waren, die meisten ohne Migrationshintergrund oder mit guten Deutschkenntnissen. „Wie sollen wir unseren Wählern erklären, dass wir nun freiwillig Schüler mit Migrationshintergrund nehmen, die kein Deutsch sprechen? Das ist schlicht unmöglich", lautete die Begründung der Verantwortlichen. Die Schüler sollten besser in den großen Ballungszentren bleiben. Die betroffenen Schulen haben allerdings – trotz dieser besonders herausfordernden Schülerschaft – keine zusätzlichen Ressourcen. Es gab einfach kein Personal für diese Aufgaben. Sie mussten mit der Situation klarkommen. Vor allem aber sollten sie darüber schweigen.

An Wiens Volksschulen, aber auch in anderen Ballungsräumen, besucht eine große Anzahl an Schülern Deutschklassen. Nirgendwo scheint auf, dass oft die Hälfte der Sechsjährigen bereits in Österreich geboren wurde. Sie haben den Kindergarten besucht. Wie regelmäßig, konnten die Schulleiter, mit denen ich mich darüber austauschte, nicht feststellen. Viele dieser Schüler hatten türkischen Migrationshintergrund. Schulleiter und Lehrer bedauerten, dass man in Bezug auf die Herkunft und die Kindergartenzeit der Schüler keine genaueren Erhebungen macht. „Wenn ich sage, dass viele schon in Österreich geboren sind, bin ich ein Rassist und diskriminiere Schüler türkischer Herkunft. Aber an meiner Schule ist es eben genau so."

Auch ein anderes – überraschendes und gleichzeitig bedrückendes – Problem wurde mir öfters berichtet: Väter wie auch Mütter sprechen teilweise besser Deutsch als ihre Kinder. Ein Kind, das zweisprachig aufwächst, profitiert davon und ist darüber hinaus ein Gewinn für unsere Gesellschaft. Ein Kind, das die Sprache des Landes, in dem es geboren ist und lebt, nicht beherrscht, hat jedoch von vornherein Nachteile, die sich in unserem System nur sehr selten wettmachen lassen. Warum gerade Eltern, die selbst recht gut Deutsch sprechen, oft keinen Wert darauf legen, dass ihre Kinder die Sprache vor Schuleintritt erlernen, können sich viele Lehrer nicht erklären. Warum auch Verantwortliche, Schulleiter wie Qualitätsmanager verlangten, dass darüber geschwiegen werden muss, ist noch unverständlicher. Vor allem sollte dieses Problem nicht an die Medien kommen. Unser Thema sollten in erster Linie jene sein, die neu nach Österreich kamen und noch immer kommen. Doch oft machen Schüler mehr Probleme, die bereits in dritter Generation hier leben. Dass dies oft die türkischstämmige Bevölkerung betrifft, sollten die Schulleiter und Lehrer dieser Kinder unter keinen Umständen öffentlich äußern.

FREUND-FEIND-DENKEN

Der Streit um die Deutschklassen ist nur das aktuellste Beispiel für den Ideologiestreit im österreichischen Schulsystem. Dieser tobt seit Jahren in vielen Bereichen und hat letztendlich nur eins zur Folge: Stillstand. Die sich unversöhnlich gegenüberstehenden Standpunkte lassen sich grundsätzlich so beschreiben: Die konservative Seite ist für eine Trennung der Kinder mit zehn Jahren. Sie sind gegen Ganztagsschulen und Kindergartenpflicht ab vier Jahren, da Eltern ja Wahlfreiheit haben sollten. Dass viele Frauen Beruf und Kinder in Österreich nur schwer vereinbaren können, wird ausgeblendet. Gerade Schüler aus sozial schwachen Schichten, in denen weder Väter noch Mütter arbeiten, brauchen dringend eine ganztägige Schule mit Freizeitangeboten. Diese Eltern werden ihnen das nicht bieten können und leider oft auch nicht wollen. Die sozialdemokratische und grüne Seite ist für eine gemeinsame Schule der Sechs- bis 14-Jährigen. Sie sind für Ganztagsschulen und Kindergartenpflicht und prinzipiell gegen Zwang oder Sanktionen. Der Staat sollte die gesamte Erziehung der Kinder übernehmen. Sozial schwache Eltern sollen stärker unterstützt werden. Einfordern darf man allerdings nichts von ihnen. Eltern werden komplett aus ihrer Verantwortung entlassen. Außerdem wird jede Form der Leistungsdifferenzierung als Diskriminierung und Stigmatisierung dargestellt.

Als ich in einer Sitzung einmal anmerkte, dass sich viele Lehrer mehr Differenzierung wünschen, um Schüler besser fördern zu können, wurde ich sofort darauf hingewiesen, dass dies nicht „unsere" Position – in diesem Fall die der SPÖ – sei. Alle Kinder müssen die gleichen Chancen haben. Dabei wird völlig übersehen, dass sie nicht die gleichen Voraussetzungen haben. Viele Schüler sind in Brennpunktschulen ständig überfordert und werden einfach nur „mitgeschleppt". Genau dieses Problem darf man als „linke" Lehrerin und noch weniger als sozialdemokratische Personalvertreterin nicht öffentlich ansprechen. Genauso wenig darf öffentlich werden, dass viele Schüler eigentlich nach dem Lehrplan der Sonderschule unterrichtet werden sollten. Vor allem im rot-grünen Wien darf unter keinen Umständen getrennt werden. Alle müssen gemeinsam unterrichtet werden und am Ende dasselbe leisten.

Selbstverständlich soll man jedes Kind dort abholen, wo es steht, und individuell fördern. Meine Frage, wie das eine Volksschullehrerin schaffen soll, wurde von roten Gewerkschaftern ausschließlich mit der Forderung nach mehr Ressourcen beantwortet. In Gewerkschaftssitzungen ging es zunehmend weniger um die Probleme der Lehrer mit Schülern und Eltern. Stattdessen wurden Strategien entwickelt, wie man dem schwarzen Ministerium schaden kann. Zuletzt boten die Deutschklassen dazu die ideale Angriffsfläche.

Sozialdemokratische Leiter, an deren Schulen es überhaupt keine Deutschklasse gibt, sprachen sich, ohne selbst Erfahrungen damit gemacht zu haben, vehement gegen diese aus. Andere wiederum meinten, natürlich nur im Vieraugengespräch, dass es vor der Einführung der Deutschklassen auch nur schleppend mit dem Spracherwerb der Schüler geklappt habe. In vielen Klassen seien einfach zu viele Schüler, die ebenfalls nur schlecht Deutsch sprechen. Aber aus politischen Gründen müssten sie sich eben anders oder gar nicht äußern. Schwarze Schulleiter, vor allem in den Bundesländern, wollen ihr altes Konzept weiterführen, da es bisher gut funktioniert hat, vor allem dewegen, weil eine bessere Durchmischung der Schüler gegeben war. Im Wesentlichen ging es auch um die Stunden, die für die Sprachförderung gekürzt wurden. „Wenn man statt elf Stunden nur mehr sechs zusätzliche Stunden zur Verfügung hat, wird es schwierig", berichteten mir auch schwarze Leiter. Die Kinder machten mit dem alten Konzept bessere Fortschritte. Diese Schulleiter müssen aus politischen Gründen schweigen, da sie sonst ihrer Fraktion in den Rücken fallen.

Aber auch Mitarbeiter des Ministeriums bedauern, nicht sachorientiert, sondern streng nach den ideologischen Vorgaben der jeweiligen Regierung Konzepte entwickeln zu müssen; ob es nun den Bereich Sprachförderung, Sport oder Berufsschulen betrifft. Die Beamten dieser Bereiche wünschen sich, frei vom Einfluss des parteipolitischen Kabinetts Konzepte entwickeln zu dürfen, die auch eine Regierungsperiode überdauern. „Gerade Sprachförderung hat doch wirklich nichts mit politischer Ideologie zu tun. Wenn sie uns nur mehr Zeit geben würden", bedauerte eine sehr engagierte Beamtin des Ministeriums. Ich führte im vergangenen Jahr viele Gespräche mit unterschiedlichen Menschen in unserem Schulsystem. In einem Punkt waren sich fast alle einig: Jeder meinte, wenn er nur freier und politisch unabhängiger agieren könnte, wäre der erste Schritt für einen dringend notwendigen Richtungswechsel in der Bildungspolitik schon getan. Die Parteipolitik wirkt wie ein Korsett, vor allem für Lehrer und Leiter, die ja unmittelbar mit den Schülern arbeiten. Es schnürt ein und verhindert dringend notwendige Reformschritte.

In allen Bundesländern beklagten Lehrer die ständigen oberflächlichen Neuerungen nach jedem Regierungswechsel. Eine sozialdemokratische Schulleiterin aus Kärnten meinte: „Ich bin knapp vor der Pension. Ich habe schon so viele Neuerungen mitgemacht. Keine hat wirklich etwas verändert. Es war eben keine Reform dabei, die den Namen auch verdient hätte." Für mich war dieser fehlende Reformwille immer ein Punkt, den die Gewerkschaft stärker zum Thema machen sollte. Da diese aber mit ihrem eigenen fraktionellen Hickhack beschäftigt ist, passiert auf dem Gebiet nichts.

Das österreichische Schulsystem und sein starker Bezug zur Parteipolitik verhindert eher Lösungen, als sie zu finden. Es beginnt damit, dass im Regelfall nur jemand Schulleiter werden kann, wenn er sich einer Partei zuordnet und natürlich auch regelmäßig an den fraktionellen Sitzungen teilnimmt. Je mehr man im „System" aufsteigen möchte, umso stärker muss man mit „seiner Partei" vernetzt sein. Je besser man vernetzt ist, umso mehr muss man „auf Linie" bleiben. Je mehr parteipolitische Verantwortung jemand in diesem System hat, desto weniger kann er bewirken, weil er dadurch automatisch immer weniger sachlichen Entscheidungsspielraum hat.

Es ist ein Pakt mit dem Teufel: Im Austausch für eine parteipolitische Karriere verkauft man seine Eigenständigkeit und Unabhängigkeit. Ab diesem Zeitpunkt ist für sachorientierte Lösungen offenbar kein Platz mehr. Egal mit wem ich gesprochen habe, ob auf unterster oder höchster Ebene der Bildungspolitik, alle bedauerten: Sie würden oft gerne anders handeln, wenn sie denn nur dürften: sei es im Bereich der Sprachförderung, bei der Ganztagsbetreuung, beim Ethikunterricht, bei Fragen der Leistungsbeurteilung oder mit Blick auf eine Förderung der Mitarbeit von Eltern. Nach außen vertreten Leiter und Mitarbeiter der Bildungseinrichtungen zu hundert Prozent den Standpunkt ihrer Partei. „Unabhängig, zu welchem Schluss ich aufgrund meiner Erfahrung mit Schülern, Lehrern und Eltern komme. Meine Partei bevorzugt Prävention statt Strafe, also lehne ich Strafen ab. Auch wenn ich beide Wege in der Praxis für richtig halte", kommt von linker Seite.

„Meine Partei ist gegen eine spätere Trennung der Schüler. Also lehne ich diese ebenfalls ab. Auch wenn ich merke, wie sinnvoll dies für die Schüler meiner Schule wäre. Eine spätere Trennung und die Differenzierung je nach Begabungen und Interessen müssen doch kein Widerspruch sein", stellt die konservative Seite fest. In unzähligen Gesprächen lernte ich Verantwortliche kennen, die durchaus engagiert, aber gleichermaßen gefangen in ihrer „Loyalität" zur Partei waren. „Wenn ich meinen Mund aufmache, bin ich weg vom Fenster. Du weißt ja am besten, wie das ist." Neben der Angst vor beruflichen Nachteilen ist die Sorge, nicht mehr dazuzugehören, ein Hauptmotiv dafür, dass geschwiegen wird. Und warum sich am System kaum etwas ändert, obwohl eigentlich fast alle wissen, was zu tun wäre.

Die Abhängigkeit von der Parteipolitik ist es auch, die vielen Lehrern, Leitern und Bildungsdirektoren den Alltag erschwert. Ich weiß nicht, wie oft ich den Satz „Das kann man natürlich nicht offen sagen" in den letzten Monaten gehört habe. Zu groß ist die Angst, unter „Gesinnungsgenossen" als Verräter dazustehen. Wer ist schon gerne isoliert? Die Sorgen eines Direktors, dass er, wenn er Kritik äußert, nur noch die unfähigsten Lehrer und verhaltensauffälligsten Schüler geschickt bekommt oder eben zu wenig Personal erhält, erscheinen durchaus berechtigt. Der Zorn eines Bildungsdirektors oder Qualitätsmanagers (früher Schulinspektor) kann erhebliche Nachteile für die eigene Schule bringen.

Hält man den Mund, hat es hingegen Nachteile für tausende Schüler und Lehrer. Die einen blicken einer düsteren und perspektivlosen Zukunft in unserer Gesellschaft entgegen. Die anderen reiben sich zunehmend auf und entwickeln nicht selten psychische oder physische Leiden. Ich bin überzeugt: Gerade das, was man nicht sagen darf, muss am lautesten ausgesprochen werden. Ohne Angst vor Sanktionen und Bestrafung. Das ist die Voraussetzung für Veränderung. Und diese braucht es ganz dringend in unserem Schulsystem.

Früher gab es zwischen Rot und Schwarz, trotz aller ideologischer Gegensätze, in zentralen Fragen noch immer einen gesellschaftlichen Grundkonsens. Dieser ist zwischen Türkis und Rot komplett weggebrochen, es gibt ihn nicht mehr. Früher konnte man meistens noch normal miteinander reden, auch wenn man politisch in vielen Punkten nicht einer Meinung war. Der Umgang war respektvoll und auf Augenhöhe. Heute ist das anders. Die Parteipolitik hat an Schärfe gewonnen und dominiert alles. Es herrscht ein zunehmend aggressives Freund-Feind-Denken, das bis ins Lehrerzimmer reicht. Man kommt überhaupt nicht mehr zu einer Einigung. Natürlich hatte man schon immer unterschiedliche Positionen, jeder war in irgendeiner Form parteipolitisch verankert. Trotzdem bestanden eine Gesprächsbasis und eine Verhandlungsbasis. Früher ging man einen Schritt aufeinander zu, heute wird der andere nur noch als Feind wahrgenommen. Früher war ein Konservativer in den Augen der Linken ein Demokrat mit einer anderen Position. Heute ist ein Konservativer in ihren Augen ein Rechter, den man weder als Gesprächs- noch als Verhandlungspartner akzeptiert. „Mit so jemandem setze ich mich nicht an einen Tisch", hörte ich im vergangenen Jahr sehr oft. Personen und Standpunkte werden eingeteilt in Gut und Böse. Und ich muss sagen, diese Ablehnung geht mehr von der linken Seite aus. Es ist egal, welcher Vorschlag kommt, auch wenn er wirklich vernünftig ist, alles wird sofort abgeblockt, lächerlich gemacht oder als rechtsradikale Position diffamiert. Wer die Migrations- und Integrationspolitik kritisiert, wird sofort ins rechte Eck gestellt. Die Gesellschaft hat sich polarisiert. Die Fronten sind verhärtet. Die Debatten sind populistischer geworden. Selbst während der ersten schwarz-blauen Regierung unter Wolfgang Schüssel und Jörg Haider war die Situation nicht annähernd so aufgeheizt.

Ich habe damals bereits als Lehrerin an einer Brennpunktschule gearbeitet. Schon in dieser Zeit habe ich die Probleme mit den muslimischen Kindern angesprochen. Dass diese Schüler immer schlechter Deutsch sprechen, dass die Religion in ihrem Leben alles dominiert und wichtige Entwicklungsschritte unterdrückt. Dass Mädchen gedrängt werden, sich zu verschleiern, nicht auf Projektwochen mitfahren oder zum Schwimmunterricht mitkommen. All das habe ich in vielen Gesprächen mit Direktoren und Gewerkschaftern und Politikern kritisiert. Die Reaktionen waren oft recht ähnlich. In einigen Punkten hat man mir zugestimmt, auch wenn das nicht bedeutet hat, dass etwas gegen diese Entwicklung unternommen wurde. Vieles wurde ignoriert und heruntergespielt, aber, und das ist der große Unterschied: Ich wurde nicht so angegriffen und ins rechte Eck gestellt wie heute. Deswegen war es für mich schon ein Schock, der auch noch nachwirkt, dass mein Schritt an die Öffentlichkeit für viele so ein Eklat war. Schließlich haben alle, die sich empört aufgeregt haben, gewusst, welche Dinge ich warum kritisiere. Ich habe jahrelang vor dem Einfluss des Islam auf die Schulen genauso gewarnt wie vor den negativen Folgen der zunehmenden Parteipolitik und der überbordenden Bürokratie.

Wir müssen uns von den ideologischen Dogmen lösen. Ich bin davon überzeugt: Wenn sich im Bildungssystem etwas ändern soll, muss man sogenannte linke Ansätze genauso in Erwägung ziehen wie sogenannte rechte Ansätze.

In unserem gegenwärtigen System geht es viel zu wenig um die Kinder. Es geht um politischen Einfluss, um Ideologie und Bürokratie. Der Arm der Parteipolitik reicht bis in die Konferenzzimmer der Schulen. Und dieser Arm ist stark. Ideologie bestimmt nahezu alles im System, und alles muss sich ihr unterordnen. Pragmatische, sachliche Lösungen können so nicht gefunden werden. Den Lehrern hilft dieser ideologische Hickhack kein bisschen. Viele haben sich von der Politik entfremdet, sie nehmen diesen Streit kaum noch ernst. Sie sitzen in Konferenzen und lassen sich mit irgendeiner Propaganda aus der jeweiligen Bildungsdirektion beschallen. Mit den Gedanken sind sie bei ihren Problemen mit Schülern und Eltern. Leider werden sie mit diesen Problemen alleingelassen. Lehrer wenden ihre gesamte Kraft auf, um sich um all die Fehlentwicklungen ihrer Schüler zu kümmern. Die parteipolitisch motivierten „Spielchen" empfinden sie als mühsam, zeitraubend und schädlich.

Die Debatte über die Frage, wie das islamische Religionsbekenntnis im Zeugnis stehen soll, ist in diesem Zusammenhang ein Paradebeispiel. Im Schulzeugnis stand, anders als bisher üblich, zunächst nicht „Islam", sondern IGGÖ – Islamische Glaubensgemeinschaft Österreich. Für die Änderung verantwortlich war eine Empfehlung des beim Bundeskanzleramt angesiedelten Kultusamts. Grund dafür war, dass die Bezeichnung „islamisch" als zu ungenau empfunden wurde, da es unterschiedliche islamische Glaubensbekenntnisse gebe. Die IGGÖ protestierte. Kurz vor Schulschluss kam es daraufhin erneut zu einer Änderung. Ab sofort sollte im Zeugnis „Islam" mit Zusätzen wie „IGGÖ", „SCHIA" (Schiiten), oder nur „ALEVI" (Aleviten) für die Ausrichtung stehen. Die Information der Änderung ging am Dienstag vor den Abschlusskonferenzen an die Bildungsdirektionen der Länder. In Wien haben die Lehrer diese Information aber erst am Freitag – an einem schulautonomen Tag – nach den Konferenzen erhalten, als alle Zeugnisse schon fertig ausgestellt waren. Die Wiener Bildungsdirektion hatte diese Information anscheinend bewusst zurückgehalten, um Stress bei den Lehrern zu erzeugen. Diese sollten wohl wütend auf das „schwarze" Ministerium sein, weil sie nun bereits ausgestellte Zeugnisse überarbeiten und neu drucken mussten. Unterstützt und gedeckt wurde dieses Spielchen offenbar auch noch von der roten Wiener Gewerkschaft. Als ich davon erfuhr, bin ich ziemlich aufgebracht zu den Verantwortlichen im Bildungsministerium gegangen. Dort wollte man diesen Vorfall aber kleinhalten. Ich sollte diese Ansicht für mich behalten und mit keinem darüber reden. Für den Mehraufwand, den die Lehrer durch das Ausbessern hatten, sicherte ihnen der Wiener Bildungsdirektor Heinrich Himmer (SPÖ), der dieses Chaos mitzuverantworten hatte, einen Tag Sonderurlaub zu.

Diese Aktion ist ein Paradebeispiel für parteipolitische Absurditäten im System. Den Schülern bringen solche Machtspielchen überhaupt nichts, den Steuerzahler kosten sie unnötig Geld für den Sonderurlaub der Lehrer. Doch alle Beteiligten können behaupten, für die Interessen „ihrer" Leute eingetreten zu sein und etwas für diese herausgeholt zu haben: Die Personalvertretung hat etwas davon, denn sie hat ja den freien Tag für die Lehrer ausgehandelt. Deshalb schweigt die Personalvertretung. Die Bildungsdirektion hat Propaganda gegen das schwarze Ministerium gemacht, weil die ja so böse sind und die Mitteilung angeblich zu spät an die Länder weitergegeben haben. Und das Ministerium kann sich damit brüsten, der Islamischen Glaubensgemeinschaft etwas abgerungen zu haben. Gleichzeitig möchte man aber keinen großen Wirbel, weil sonst die Öffentlichkeit noch erkennt, dass sie mit der IGGÖ eigentlich eine Scheindiskussion geführt haben über die Frage „Wie bezeichnet man ein Religionsbekenntnis?". Den Schülern ist es vollkommen egal, wie das im Zeugnis steht. Diese Absurdität ist typisch: Scheindiskussionen dominieren dieses System. Man handelt mit dem anderen etwas aus, damit er den Mund hält. Statt über echte Reformen zu diskutieren, beschäftigt man sich lieber mit Überflüssigem. Was bleibt, sind Aufregung, gespielte Empörung und die Kosten für einen freien Tag für tausende Lehrer.

Unsere Gesellschaft hat sich in den letzten Jahren rasant weiterentwickelt. Die ökonomischen, kulturellen, sozialen und religiösen Entwicklungen zwingen uns zum Handeln. Wie groß der Handlungsbedarf ist, zeigen unsere Schulen. Sie sind die Seismographen unserer Zeit. Die Veränderungen, die wir im Klassenzimmer erleben, werden unser gesellschaftliches Zusammenleben prägen. Bildungspolitik ist Gesellschaftspolitik. Die Kinder in unseren Schulen sind unsere Zukunft. Und genau diese setzen wir gerade aufs Spiel. Wir sind dabei, unser Bildungssystem an die Wand zu fahren – und damit riskieren wir die Zukunft unseres Landes. Wir versuchen mit ideologischen Konzepten und Ansätzen aus den 1970er Jahren auf die Veränderungen zu reagieren. Doch unsere Vorstellungen, wie ein Bildungssystem zu funktionieren hat, sind schon lange nicht mehr zeitgemäß. Schuld daran sind die parteipolitischen Zwänge. Es gelingt kaum jemandem, sich aus ihnen zu befreien. Konservative und Sozialdemokraten stehen sich wie erstarrt gegenüber. Wie soll sich da etwas weiterentwickeln? Es herrscht Stillstand. Gleichzeitig werden die Probleme größer. Dies ist eine gefährliche Kombination, deren Sprengkraft noch immer unterschätzt wird.

Beide, Konservative und Sozialdemokraten, sind so viele Verpflichtungen eingegangen – sei es mit den Religionsgemeinschaften oder der Gewerkschaft –, dass sie kaum inhaltlichen Spielraum für Veränderungen mehr haben, ohne dabei die eine oder andere Interessenvertretung zu verärgern. Also bleibt alles beim Alten. Man scheut den Konflikt und verwaltet lieber den Status quo. Schließlich geht es auch um viele Posten für Vertraute. Diese beiden Lager verfolgen ihre jeweiligen Positionen in Bildungsfragen so dogmatisch, dass Reformen, die wirklich etwas verändern, nahezu unmöglich sind. Ein weiteres Beispiel für die ideologische Verhärtung der Fronten ist die Rolle der Eltern im Bildungssystem: Konservative wollen, dass die Eltern die größtmögliche Wahlfreiheit haben, was die Betreuung oder Schulform ihrer Kinder betrifft. Sozialdemokraten lehnen diese Freiheit ab, plädieren für Ganztagsschulen für alle und schreiben dem Staat eine große Verantwortung bei der Erziehung und Ausbildung der Kinder zu. Eine inhaltliche Annäherung gibt es nicht.

Viele meiner Gesprächspartner waren sich bewusst, welche Reformen es in welchen Bereichen unbedingt bräuchte. Öffentlich würden sie dies aber nie zugeben, da es nicht ihrer parteipolitischen Linie entspricht. Diese Erfahrungen habe ich im Ministerium, in den Bildungsdirektionen und in den Schulen gemacht. Sie sind besonders frustrierend gewesen, weil sie zeigen, wie festgefahren unser System ist. Wo soll man ansetzen, um es zu ändern? Diese Frage beschäftigt mich seit Jahren. Dass es schwierig ist, ein über Jahrzehnte gewachsenes System zu ändern, ist mir klar. Dass so viele Akteure im System Bescheid wissen und wider besseres Wissen agieren, hat mich aber schon schockiert. Der Widerstand ist enorm. Eine Änderung dieses Systems wäre eine kleine Revolution. Doch nach dreißig Jahren im Schuldienst, nach den Erfahrungen als Personalvertreterin und nach einem Jahr als Ombudsfrau bin ich mehr als jemals zuvor überzeugt: Diese Bildungsrevolution ist nötig, um zu verhindern, dass Parteipolitik und Ideologie unsere Schulen immer weiter in den Ruin treiben.

Wie dringend dieser radikale Wandel notwendig ist, zeigt sich in Wien. Hier verschlechtert sich die Situation seit Jahren an allen Ecken und Enden. Gesellschaftliche Entwicklungen werden verschlafen. Politisch ist man damit beschäftigt, die gravierendsten Brände zu löschen, und glaubt noch immer, dass es nur vereinzelt hier und da wirklich brennen würde. Natürlich kann man nicht alle Probleme auf die Migration zurückführen. Das wäre zu kurzsichtig. Doch dass die Probleme sehr stark mit der Bevölkerungsstruktur zusammenhängen, ist nicht mehr zu leugnen. In der Bundeshauptstadt hat man die Lösung aller Probleme in möglichst wenig Differenzierung und möglichst viel Inklusion gesehen, und das möglichst lang. Es fand eine fatale Gleichmacherei statt. Mit einer wirklichen Förderung der Kinder hat das allerdings nichts mehr zu tun. Alle sollten dieselben Chancen haben. Ein hehres Ziel. Das Problem ist: Es wird dabei ignoriert, dass nicht alle dieselben Voraussetzungen haben. Es wurde über Jahre überhaupt nicht darauf reagiert, wie sich unsere Gesellschaft verändert. Dasselbe gilt für die Konservativen, eben nur in anderen Bereichen. Sie vertreten ein Familienbild, das es so in unserer Gesellschaft kaum noch gibt. Die Zeiten, in denen nur der Vater arbeiten geht und sich die Mutter zu Hause um die Kinder kümmert, sind schon lange vorbei. Wenn beide Elternteile arbeiten, ist ein ganztägiges Betreuungsangebot nötig. Dass dabei der Staat gefordert ist, wird von konservativer Seite völlig ignoriert.

Seit den 1990er Jahren hat sich unser Schulsystem nicht mehr weiterentwickelt. Die letzte nennenswerte und meiner Ansicht nach sinnvolle Maßnahme des Ministeriums war die Einführung der gesonderten Sprachförderung als Reaktion auf die vielen Flüchtlinge im Jugoslawienkrieg. Die Einführung der Neuen Mittelschule – die als große Reform verkauft wird – ist in meinen Augen eine Alibi-Aktion. Man hat die gemeinsame Schule nicht durchgebracht und sich auf die Mittelschule geeinigt. Dass diese nicht annähernd die Erfolge bringt, die man sich erwartet hat, wird ausgeblendet. Die Mittelschule ist ein typisches Beispiel dafür, dass parteipolitisch motivierte Kompromisse in der Bildungspolitik die Situation oft eher verschlimmern als verbessern.

MITTELSCHULE ALS RESTSCHULE

Seit Jahren dreht sich der große ideologische Schulstreit zwischen Konservativen und Sozialdemokraten um die Frage, ob unser Schulsystem genug Raum für Bildungsmobilität lässt. Wie stehen die Chancen unserer Kinder, den Bildungsabschluss ihrer Eltern zu übertreffen? Die flächendeckende Einführung der Neuen Mittelschule sollte die Integration der vielen Schüler mit Migrationshintergrund fördern und dafür sorgen, dass die Bildungsmobilität erhöht wird. Beides kann als gescheitert betrachtet werden.

Wer heute wissen möchte, wie kaputt unser Bildungssystem ist, muss sich nur die Neuen Mittelschulen in den Ballungsräumen anschauen. Von Wien bis Vorarlberg: Die Mittelschule ist zur „Restschule" des Landes verkommen. In unserem System entscheiden noch immer das Elternhaus und der Wohnort über den schulischen Erfolg der Kinder. Wer zu Hause keinerlei Unterstützung erhält, Migrationshintergrund hat und in einem Brennpunkt-Bezirk lebt, für denjenigen ist die berufliche Karriere im Grunde schon am Tag der Einschulung zu Ende. Diese Kinder sind die Verlierer in diesem System. Und wir verschenken als Gesellschaft ein unglaubliches Potenzial.

Jahrelang machten wir den Fehler, so zu tun, als ob die Schule jeden Unterschied ausgleichen kann. Die Neue Mittelschule wurde entwickelt, damit Kinder und Jugendliche das Gleiche gelehrt bekommen wie an Gymnasien. Völlig unrealistisch. Denn selbst zwischen Gymnasien gibt es mittlerweile große Unterschiede, wie viel an Lerninhalten unterrichtet wird. Auch die Beurteilung ist unterschiedlich. Im Ballungsraum findet man Klassen, in denen mehr als die Hälfte der Schüler große Defizite in Deutsch haben. Sie können dem Unterricht nur schwer folgen. Hinzu kommt, dass auch die Gestaltung der Freizeit völlig anders aussieht als jene von Kindern der Mittelschicht. Theater und Konzerte werden kaum besucht. Sportvereine sowieso nur von Burschen. Hier ist allerdings nicht Fußball, sondern die Kampfsportart *Mixed Martial Arts* sehr beliebt. Am Wochenende werden keine Ausflüge, auch nicht mit dem Fahrrad, gemacht.

An vielen Neuen Mittelschulen versuchen Lehrer dieses „Hobbydefizit" auszugleichen. Sie veranstalten Projekttage, an denen Freizeitaktivitäten angeboten werden. Die Teilnahme ist allerdings freiwillig. Solange man dafür zahlen muss, kann man niemanden zu Aktivitäten verpflichten. Gerade Aktivitäten wie Theater, Sport, Basteln, Malen, Musik würden das Selbstbewusstsein von NMS-Schülern stärken. Ihre Eltern unternehmen nicht viel mit ihnen. Also sollten sie in der Schule mehr dazu verpflichtet werden.

Irgendwann merken viele Schüler, dass sie das Ziel, Arzt, Fußballstar oder Anwalt zu werden, nicht erreichen werden. Doch es fehlen ihnen Alternativen zu diesen Traumberufen. Somit lassen sie ganz aus, vor allem, wenn sie das Gefühl haben, in ihrer Community als Versager zu gelten. Die

Schule kann Alternativen zu diesen unrealistischen Berufsvorstellungen nur im Fach Berufskunde und während der berufspraktischen Tage bieten. Das ist eindeutig zu wenig. Neben berufsorientierten Angeboten fehlt auch die soziale Durchmischung in den Neuen Mittelschulen. Diese Jugendlichen haben keine Möglichkeit, ein anderes Umfeld außer dem eigenen kennenzulernen. Dies wird allerdings auch zunehmend weniger von ihren Familien gewünscht. Die Welt außerhalb des Viertels wird oft als Bedrohung gesehen. „Eine Lehrstelle kann ich nur in meiner Stadt annehmen. Sonst müsste ich ja alleine mit dem Bus fahren", ist eine Aussage von NMS-Schülerinnen in Oberösterreich.

Selbst in Bundesländern, in denen ich es nicht erwartet hätte, berichteten NMS-Lehrer von den schlechten Deutschkenntnissen ihrer Schüler, obwohl diese bereits in dritter Generation in Österreich leben. Trotz intensiver Übungseinheiten würden die Schüler oft nur geringe Fortschritte erzielen. Die Umgangssprache bleibt die jeweilige Muttersprache. Dies bedeutet in vielen Neuen Mittelschulen, dass Deutsch nur mehr als Unterrichtssprache wahrgenommen wird, jedoch nichts mit dem Leben außerhalb der Schule zu tun hat. Dass diese Jugendlichen die Landessprache nicht beherrschen, hat zur Folge, dass sie nicht wirklich an unserer Gesellschaft teilhaben können. Auch dann nicht, wenn sie irgendwann eine schlecht bezahlte Arbeit annehmen. Wer mangelhafte Deutschkenntnisse hat, wird kaum Chancen auf eine gute Berufsausbildung haben. Mädchen werden dadurch oft in eine frühe Ehe gedrängt. Die Familie sieht in der Verheiratung der Tochter eine Möglichkeit für ihre finanzielle Absicherung.

Das Argument mancher Pädagogen, dass dies schließlich auch „bei uns früher so war", kann ich nicht nachvollziehen. Diese jungen Menschen leben im Österreich des 21. Jahrhunderts. Eine Ausbildung aller NMS-Schüler, gerade weil Lehrlinge und Facharbeiter gesucht werden, sollte das Ziel aller Lehrer, Leiter wie Bildungsdirektoren sein.

Selbst in der AHS-Unterstufe stoßen viele Lehrer an ihre Grenzen. Immer mehr Schüler drängen ins Gymnasium. In Wien geht bereits mehr als die Hälfte der Kinder in die AHS. Das hat natürlich viel mit dem Prestige des Gymnasiums zu tun, aber wohl noch mehr mit dem schlechten Ruf und den dramatischen Verhältnissen in den Neuen Mittelschulen. So gibt es auch in den AHS-Klassenzimmern immer mehr Schüler mit schlechten Deutschkenntnissen. Ressourcen für eine Sprachförderung gibt es dort allerdings noch weniger als in den Mittelschulen. Denn dort, so die Annahme, würde es keine Schüler mit Sprachproblemen geben. Das Gegenteil ist der Fall. Unter dieser Fehleinschätzung leiden nicht nur die Kinder, sondern auch die Lehrer, da sie keinerlei Möglichkeiten haben, diese Schüler zu fördern.

Die Situation unterscheidet sich zwischen den Bundesländern kaum. Je größer der Ballungsraum ist, umso größer sind die Probleme. Alles wiederholt sich, es ist nur ein quantitativer Unterschied. In Wien gibt es in manchen Bezirken fast nur mehr Brennpunktschulen, zumindest im NMS-Bereich, aber auch im Volksschulbereich. In Innsbruck gibt es vielleicht nur vier davon, aber dort berichten Lehrer von exakt denselben Erfahrungen, wie ich sie bislang nur aus Wien kannte: von schlechten Sprachkenntnissen, Ausnahmesituationen im Ramadan, dem Boykott des Sportunterrichts oder Eltern, mit denen man nicht kommunizieren kann, weil sie kein Wort Deutsch sprechen. Dass diese Abwärtsspirale schon ganz Österreich erfasst hat, war für mich ebenfalls überraschend.

BRENNPUNKT OBERSTUFE

Die höheren Schulen galten lange als relativ geschützte Räume. In ihnen erhielten Jugendliche und junge Erwachsene eine gute Bildung und Ausbildung. Diese Zeiten sind vorbei. Der Realität entspricht dieses Bild – vor allem im Ballungsraum Wien – schon länger nicht mehr, wie ich in meinen Gesprächen und Terminen in den letzten Monaten erfahren habe. Die „besseren Schüler" aus den Volksschulen besuchen zwar nach wie vor Gymnasien, dennoch ähneln die Probleme jenen an Mittelschulen immer mehr. Die Anforderungen sind in Gymnasien natürlich nach wie vor höher. Trotzdem kämpfen auch dort Lehrer mit ungenügenden Deutschkenntnissen ihrer Schüler. Dies erschwert es den Schülern, den Lehrstoff in vielen Fächern ausreichend zu verstehen. Der Unterricht in der Oberstufe baut wesentlich auf der deutschen Sprache auf; obwohl diese Tatsache von Verantwortlichen im Wiener Bildungssystem wie auch Experten zunehmend kritisiert wird. Der Unterricht solle nicht so textlastig sein, lautet ein oft geäußerter Vorwurf, und tatsächlich werden immer mehr Schulbücher mit unzähligen Bildern ausgestattet. Eine AHS-Oberstufe hat die Aufgabe, junge Erwachsene auf die Universität vorzubereiten. Dazu muss die deutsche Sprache mehr als nur ausreichend beherrscht werden. Selbstverständlich gilt dies auch für Schüler, die keinen Migrationshintergrund haben.

Was allerdings mehr Probleme als die mangelnden Deutschkenntnisse macht, sind die unterschiedlichen Wertevorstellungen und politischen Einstellungen muslimischer Schüler an Wiener Gymnasien, Handelsakademien und HTL. AHS-Lehrer berichten, wie häufig sie mit antisemitischen Äußerungen von Schülern konfrontiert werden. In der Oberstufe verfestigt sich diese Ideologie bei etlichen Jugendlichen. Die Zeit des Nationalsozialismus im Unterricht durchzunehmen, ist für die Geschichtelehrer in manchen Klassen ein wahrer Spießrutenlauf. Eskalationen bei Besuchen des Konzentrationslagers Mauthausen sind oft nur die Spitze des Eisbergs. Diese Vorfälle wurden mir mehrmals berichtet. Pädagogen bedauerten: „Ich fahre mit dieser Klasse sicher nicht in die Gedenkstätte, sonst stehe ich am nächsten Tag in der Zeitung, weil ein Schüler ‚Heil Hitler‘ oder ‚Tod den Juden‘ brüllt. Ich will für so etwas nicht verantwortlich sein. Denn für die Bildungsdirektion bin letztendlich ich schuld, wenn so etwas passiert. Mit Sicherheit nicht der Schüler oder seine Eltern. Was hat die Schule an Präventionsmaßnahmen gesetzt?, heißt es doch in diesen Fällen immer."

Es kam teilweise auch zu Eklats. Diese gingen von antisemitischen Parolen über „Freiheit für Palästina"-Rufen bis zum Werfen mit Gedenksteinen während der Besuche im Konzentrationslager oder in einer Gedenkstätte. Schockiert war ich aber darüber, dass einige Tage Suspendierungen, wenn überhaupt, die einzigen Maßnahmen für dieses Verhalten blieben. Rechtliche Konsequenzen haben antisemitische Äußerungen von muslimischen Schülern keine, obwohl der Dienstgeber diese Vorfälle durchaus als Antisemitismus wahrnimmt. Der Hauptgrund, die Vorfälle kleinzuhalten, ist auch hier wie so oft die Angst, diese könnte an die Öffentlichkeit gelangen.

Ein Triumph für diese Schüler, die ja allesamt nicht mehr im Pflichtschulalter sind. Lehrer wie Schulleiter dürfen wieder einmal Berichte schreiben. Ein Schulpsychologe wird eingeschaltet, der ein Gespräch mit den betroffenen Schülern führt. Dass dies oft nichts an der Einstellung der Jugendlichen ändert, wurde mir von vielen Seiten bestätigt. So auch von dieser Lehrerin: „Bei einer tschetschenischen Schülerin habe ich genau bemerkt, dass sich nichts an ihrem Judenhass geändert hat. Im Gegenteil: Sie war stolz, den Psychologen reingelegt zu haben. Er nahm ihr ab, dass sie doch nur israelkritisch sei und für die Rechte der Palästinenser kämpfe."

Antisemitische Äußerungen werden als Israelkritik verharmlost. Dies betrifft keineswegs nur Schüler, die als Flüchtlinge nach Österreich kamen. Im Gegenteil: Die Mehrheit ist hier geboren. An einer AHS erzählten mir Lehrer, dass es in jeder Klasse Diskussionen über eine Mitschuld der Juden an der Schoah gab. Gerade in der siebten oder achten Klasse wurde sehr vehement argumentiert. Die Juden seien schon immer die Ursache für das Böse in der Welt gewesen und wollten alle anderen beherrschen. Hitler und die Nationalsozialisten hätten dies erkannt. Eine Lehrerin wies darauf hin, dass es in Österreich Gesetze gegen Wiederbetätigung gäbe. Die Reaktion: „Das gilt nicht für uns Muslime, sondern nur für euch Österreicher." Gerade jüngere Lehrer versuchten den Antisemitismus ihrer Schüler mit der Politik Israels und mit Diskriminierungserfahrungen zu erklären. Andere kaufen sich einen Koran und bemühen sich, die Einstellungen ihrer Schüler mit entsprechenden Suren zu widerlegen. Beides bringt, meiner Ansicht nach, nicht den gewünschten Erfolg. Es fehlen klare Richtlinien und Konsequenzen. Verstöße gegen das Verbotsgesetz gelten auch für „Neoösterreicher" oder Menschen, die hier leben. Es sollte in dem Fall eine Anzeige erfolgen. Und es muss Konsequenzen wie Geldstrafen, verpflichtende Informationskurse zum Holocaust und der Geschichte des Antisemitismus in muslimischen Ländern geben. Aber auch Lehrer müssen in dieser Hinsicht besser informiert und geschult werden. Oftmals erklären auch sie das Verhalten muslimischer Schüler mit Kritik an der Siedlungspolitik des israelischen Staats.

Warum viele höhere Schulen in Wien zunehmend unter Druck geraten, zeigt ein Blick auf die Lerninhalte. Schüler, die bereits sehr gefestigt in ihren religiösen Ansichten und nationalistischen Einstelllungen sind, lehnen viele Inhalte noch vehementer ab, als ich dies von der Pflichtschule kenne. In der Oberstufe zeigt sich, wie wenig sie den westlichen Lebensstil ihrer Mitschüler und unserer Gesellschaft akzeptieren. So versuchten tschetschenische Schülerinnen ihre Mitschülerinnen davon zu überzeugen, das sündige Leben aufzugeben, Hijab zu tragen und für den Dschihad zu kämpfen. Nur den aufmerksamen Lehrerinnen dieser Schülerinnen ist es zu verdanken, dass die Situation in den Klassen nicht kippte. Die Schülerinnen missionieren jetzt nicht mehr. Ihre Einstellung hat sich allerdings nicht verändert. Sie wollen Matura machen und danach studieren, um in weiterer Folge die Gesellschaft neu zu gestalten. Diese Schüler gehören nicht zu den Benachteiligten. Sie haben die Möglichkeit, Matura an einer staatlichen Schule zu machen. Sie erhalten Unterstützung, sofern sie welche benötigen. Sie haben, falls sie die HTL oder HAK besuchen, eine gute Berufsausbildung. Sie sind berechtigt, an Universitäten zu studieren. Trotzdem grenzen sich viele muslimische Schüler ab, wollen mit der Mehrheitsgesellschaft nichts zu tun haben. Mehr noch: Auch sie lehnen – wie Schüler der Mittelschulen – Lerninhalte aus ideologischen Gründen ab. „Ich lerne das nur, aber ich glaube es nicht", sind Aussagen, die Schüler im Biologieunterricht ihren Lehrern mitteilen. Musik- und Sportunterricht findet an Wiener Gymnasien mit einem Anteil von 80 Prozent Migranten oft sehr reduziert statt. Anwesenheit im Sportunterricht, ein Referat über einen Komponisten oder Musiker reichen oft schon, um letztendlich doch zu einer positiven Note, oftmals sogar „Befriedigend", zu kommen. Auch AHS-Lehrer wollen einen Widerspruch von Eltern oder gar mediale Aufmerksamkeit vermeiden. Sie befürchten, mit so „unwichtigen Fächern" wie Sport und Musik weder vom Dienstgeber noch von der Öffentlichkeit Unterstützung zu bekommen, falls sie mehr Leistung einfordern.

Die Schüler möchten ihre Prüfungen erledigen, halten viele Inhalte, wie die Evolutionstheorie, jedoch für falsch. Mehr noch, geradezu für Sünde. Selbst das französische Wort für

Rock, „la jupe", wird von einigen muslimischen Schülerinnen abgelehnt, ins Vokabelheft zu notieren. Sie halten es für *harām*. Keine Frau, auch in Europa, sollte einen Rock tragen. Manchmal versuchen sich Mädchen, aber auch Burschen, gegen den Gruppendruck zu wehren. Sie werden jedoch mundtot gemacht. Vor allem, wenn die Durchmischung in den Klassen nicht stimmt und der Anteil konservativ muslimischer Schüler überwiegt.

Eine Gymnasiumlehrerin erinnerte mich an eine Frage, die auch ich mir oft stellte: „Warum ist es tschetschenischen Schülern möglich, die gesamten Sommerferien in Tschetschenien zu verbringen? Sie besuchen dort Koranschulen. Oftmals sind sie bereits eine Woche vor Schulschluss verschwunden und kommen erst einige Tage nach Schulbeginn wieder. Seit es Strafen für Schulabsenzen gibt, bringen sie ärztliche Bestätigungen." Alle Mitglieder der betroffenen Familien sind anerkannte Flüchtlinge, da sie in Tschetschenien verfolgt wurden. Wie ist es möglich, dass sie so problemlos, oft mit Zwischenlandung in Moskau, nach Tschetschenien und wieder zurück nach Österreich reisen können? Keiner der Lehrer, mit denen ich gesprochen habe, möchte diese Jugendlichen aus der Schule draußen haben. Alle machen sich vielmehr Sorgen um deren weitere Entwicklung und auch um die Zukunft dieser Gesellschaft. Ich kannte diese Sorgen von Mittelschullehrern. Wie weit verbreitet diese Probleme in weiterführenden Schulen sind, war mir nicht bewusst. Nachdenklich gemacht haben mich die Schilderungen von Schulleitern: Einige Lehrer nehmen die radikalen Einstellungen ihrer Schüler nicht wahr. Manchmal weichen sie den Konflikten bewusst aus. So zeigten einige Pädagogen im Biologie-, Geografie und Geschichteunterricht möglichst unverfängliche Youtube-Videos. Alles, was zu Streit oder Unruhe führte, wird vermieden. Theater und Literatur werden im Deutschunterricht auf ein Minimum reduziert. „Deutsch hassen sie ja sowieso, was sollen wir tun?", erklärten mir Lehrer an Gymnasien.

Ich habe im Bereich der Pflichtschulen Wiens, wie auch in anderen Ballungsräumen Österreichs, vieles gesehen und erfahren. Dass auch an höheren Schulen, vor allem in Wien, der Lehrplan infrage gestellt, abgelehnt oder als sündig gesehen wird, war mir in diesem Ausmaß neu. Ernüchternd war, wie wenig durchmischt mittlerweile selbst einige Wiener Gymnasien sind. Oft sieht die Situation drei Straßenbahnstationen entfernt komplett anders aus. Wie für die Mittelschulen gilt auch hier: Stimmt die Durchmischung an einer höheren Schule, verringern sich die Probleme.

In Wien hat man dahingehend nicht viel unternommen. Man redet die Probleme von misslungener Integration und mangelnden Deutschkenntnissen auch an Wiener Gymnasien klein. Mehr noch: Sie sind überhaupt kein Thema. Das Gymnasium ist und bleibt die privilegierte Schulform, egal wie die Realität dort aussieht. Die offiziellen Darstellungen der politisch Verantwortlichen in Wien bringen uns nicht weiter. Wir müssen die aktuelle Situation mit all ihren Problemen genau analysieren. Jugendliche in höheren Schulen sind ein wesentlicher Bestandteil unserer Gesellschaft. Sie werden Österreich in Zukunft maßgeblich mitgestalten. Es kann nicht sein, dass man, nur weil es keine einfachen Lösungen für die Probleme an Brennpunktschulen – ob Mittelschulen oder Gymnasien – gibt, lieber die Augen verschließt und so tut, als gäbe es diese Probleme überhaupt nicht.

PROBLEM BALLUNGSRAUM

Durch die Ombudsstelle erhielt ich einen tiefen Einblick in die Fehlentwicklungen der Ballungsräume in ganz Österreich. Anstatt zu durchmischen und Schülerströme besser zu lenken, entstehen immer mehr „Brennpunkte". Diese Trennung wird keineswegs nur von konservativen Politikern betrieben. Probleme an Schulen in Ballungsräumen gibt es überall, von Wien bis Vorarlberg. Wo ich auch hinkam, meistens waren es Neue Mittelschulen und Volksschulen, überall ähnelten sich die Aussagen von Lehrern, Schulleitern oder Sozialarbeitern: „Die Probleme werden zu groß an meiner Schule, da wir zu viele Kinder integrieren müssen. Es gibt kaum mehr Durchmischung. Früher hatten wir noch viel mehr Kinder kroatischer oder polnischer Herkunft. Heute sind es fast nur mehr Türken, Syrer, Afghanen, Albaner und ein paar Roma. Die Deutschkenntnisse sind zu schlecht, obwohl die Kinder hier geboren wurden. Wir können kaum mehr mit den Eltern kommunizieren." Anfangs begegneten mir Lehrer bei Schulbesuchen ziemlich reserviert. Zuerst verunsicherte mich das. Mit der Zeit fand ich den Grund für diese Zurückhaltung heraus. Ich bin nun mal eine Lehrerin, die Probleme öffentlich gemacht hat. Die Angst, ebenfalls in der Öffentlichkeit zu stehen, ist bei den meisten Lehrern groß. Wer setzt sich schon gerne Angriffen aus und gilt als unfähige und ausgebrannte

Lehrerin, die ihre Schüler auch noch kritisiert. Öfters wurde ich gefragt, ob ich denn keine Angst vor der „Rache der älteren Brüder" meiner muslimischen Schülerinnen hätte. An den Blicken, während sie diese Frage stellten, erkannte ich, dass diese Lehrerinnen genau davor Angst hatten. Und auch ich hatte und habe manchmal Angst. Gerade nachdem ich von drei türkischstämmigen jungen Männern abends auf dem Heimweg aufgefordert wurde, mich in Zukunft nicht mehr zu dem Thema und dem Islam zu äußern. Aber bei Missständen und Fehlentwicklungen aus Angst zu schweigen, ist in meinen Augen der Anfang vom Ende einer Demokratie. Genauso schlimm ist es, aus Angst vor sozialer Isolation zu schweigen. Das kann einem allerdings durchaus passieren, wenn man Positionen des politischen Gegners einnimmt. Auch davor haben gerade „linke Lehrer" Angst. Das konnte ich in den vielen Gesprächen immer wieder feststellen. Es ist nicht angenehm, gerade wenn man ein anderes Bild von sich selbst hat. Für mich gibt es mittlerweile keine andere Option als offen zu sprechen. Ich habe besonders im vergangenen Jahr viele Erfahrungen gemacht, die mir zeigen, dass wir uns äußern müssen, wenn wir Veränderung wollen. Wir müssen unsere Meinungsfreiheit und Diskussionskultur, zu der auch die Schüler ermutigt werden sollen, mit allem verteidigen, was wir haben.

Eins kann ich nach diesem Jahr mit Sicherheit behaupten: Keiner der Lehrer und Leiter, mit denen ich Gespräche führte, lehnt seine Schüler ab. Im Gegenteil: Sie fühlen sich in einem hohen Maß verantwortlich für sie. Aus Sorge, als „rechts" und FPÖ-nahe zu gelten – nicht zuletzt im Kollegium –, tauschen sich Lehrer, die kulturelle und auch religiöse Probleme in ihren Klassen erkennen, aber lieber nur unter vier Augen untereinander aus. Das erlebte ich bei vielen Schulbesuchen. Die Gespräche an den Schulen verliefen oft nach einem ähnlichen Schema. Kaum meldete sich bei Gesprächen eine Gegenstimme: „Aber wir haben auch Serben, die aggressiv sind", verstummten die anderen. Die soziale Erwünschtheit ist für viele stärker als der Wunsch, endlich offen anzusprechen, dass es mit muslimischen Schülern oft mehr Probleme gibt als mit anderen.

Natürlich gibt es nicht nur Schwierigkeiten mit muslimischen Kindern. Doch die Wertevorstellungen von Muslimen unterscheiden sich tatsächlich stärker. Das bringt Probleme in vielen unserer Klassen, und zwar in allen österreichischen Ballungsräumen. Dass Schüler Lerninhalte aus religiösen Gründen ablehnen, kommt eigentlich sonst nur bei Angehörigen der Pfingstgemeinde und den Zeugen Jehovas vor. Lehrern ist es oft nicht möglich, die religiösen und kulturellen Gebote der Familien zu durchbrechen. Probleme, an denen man nichts ändern kann, verdrängt man gerne. Sich Realitäten genauer anzuschauen, ist schmerzhaft; vor allem wenn man spürt, dass man sie nicht verändern kann. Auch ich musste das schmerzlich zur Kenntnis nehmen.

Hinzu kommt, dass niemand als schlechter Lehrer gelten möchte. Doch genau als so jemand wird man gern von all jenen dargestellt, die aus parteipolitischen Gründen nicht wahrhaben wollen, dass selbst der beste Lehrer der Welt diese Art von sozialen, religiösen und kulturellen Konflikten im Klassenzimmer nicht mehr lösen kann. Wer es dennoch versucht, wird belehrt. Werden Kritik und Probleme beim direkten Vorgesetzten geäußert, hat dieser mit Sicherheit eine andere Schule als wunderbares Positivbeispiel. Gut funktionierende Projekte werden nicht als Anregung, sondern für Belehrungen verwendet. Ich wurde an eine NMS eingeladen, die eigenen Angaben zufolge gute Integrationsprojekte durchführt.

Muslimische Mädchen zum Mitfahren an Projektwochen zu bewegen, gelingt jedoch auch an dieser Schule immer weniger. Auf meine Nachfrage, warum dies so sei, bekam ich keine Antwort. Die Lehrer hatten bei den Eltern nicht einmal genauer nachgefragt. An vielen Schulen scheuen Lehrer mittlerweile Auseinandersetzungen, die zur Folge haben könnten, als islamkritisch und rechts zu gelten. Diese Angst ist sicher einer der Hauptgründe, warum ich, egal wo ich hinkam, zuerst mit Systemkritik konfrontiert wurde. Die überbordende Bürokratie und die Vorgaben des Bildungsministeriums wie auch der Bildungsdirektionen machen Schulleitern wie Lehrern schwer zu schaffen. Ich bekam den Eindruck, dass kaum etwas mehr autonom am Standort entschieden werden darf. Lehrer und Leiter sind ausschließlich ausführende Beamte. Konzepte zur Nachmittagsbetreuung, Sprachförderung oder Elternarbeit, die Leiter und Lehrerteam entwickelt haben, werden abgelehnt, oder ihre Fortsetzung ist unsicher. Viele Lehrer erwähnten, dass es mit dem Deutscherwerb der Schüler auch vor der Einführung der Deutschklassen nicht gut klappte. Auf meine Frage nach der Situation der Schüler in ihren Familien waren viele Lehrer vorerst zurückhaltend. Nach und nach sprudelte es aber aus ihnen heraus.

An jeder Brennpunktschule in einem Ballungsraum war die mangelnde Teilnahme muslimischer Mädchen an sportlichen Aktivitäten Thema: „Früher haben wir Skikurse veranstaltet. Heute bringen wir nicht einmal einen Skitag zusammen." Am Geld liegt es oft nicht. Denn in manchen Bundesländern, wie zum Beispiel Tirol, können einheimische Kinder gratis fahren und sich die Skiausrüstung ausborgen. Der Grund ist ein anderer, und wie so oft ist er religiös motiviert. „Meine Schülerinnen haben Angst, sich beim Sport das Jungfernhäutchen zu verletzen", lautete die Erklärung sehr vieler Lehrer. Selbst die Versuche eines islamischen Religionslehrers, die Mädchen aufzuklären, dass beim Skifahren oder beim Zirkeltraining das Jungfernhäutchen in der Regel intakt bleibt, konnten nichts bewirken. Ich frage mich, wo diese Märchen verbreitet werden und warum uns oft nichts anderes übrig bleibt, als diese vollkommen realitätsferne Einstellung zu akzeptieren. Auf meine Frage, was denn eigentlich so schlimm an einem nicht mehr vorhandenen Jungfernhäutchen sei, gab mir der Religionslehrer allerdings keine Antwort.

Überall beklagten Lehrer, wie dringend sie Übersetzer und Sozialarbeiter, am besten beides in einer Person, benötigen. Ich war beeindruckt, mit welchem Engagement einige Schulen eigene Konzepte für Elternarbeit entwickeln. In einer Schule werden zum Beispiel Übungsstunden mit Schülern und Eltern – meist Müttern – veranstaltet. In diesen lernen

Eltern, die nur schlecht Deutsch sprechen, wie sie ihre Kinder beim Lernen unterstützen können. Gerade diese Leiter und Lehrer verletzt es, wenn ihre Arbeit in der Öffentlichkeit kaum wahrgenommen wird; wobei sie nicht diverse „Jubelberichte" in Bezirks- oder Tageszeitungen meinten. Viele Lehrer wünschen sich, dass auch Eltern der gebildeten Mittelschicht ihre Kinder an diese Schulen geben, nur so könne der Teufelskreis aus sozialer Benachteiligung, religiöser Einengung und schlechten Leistungen durchbrochen werden. Es bleibt ein frommer Wunsch. Die Realität sieht anders aus: „Da fahren sie lieber drei Stationen weiter mit dem Bus, nur um ihr Kind nicht an meine Schule zu geben. Aber die Dachgeschoßwohnung war eben in unserer Gegend billiger", waren Aussagen, die ich gerade in kleineren Ballungsräumen hörte.

Überrascht hat mich als Wiener Lehrerin, dass viele Bundesländer im Grunde dieselben Probleme haben, die ich aus Wien kenne. Schulen sind immer weniger gut durchmischt, sozial und ethnisch. Die Konkurrenz der Privatschulen ist groß. Eltern der Mittelschicht, egal welcher Herkunft, versuchen ihre Kinder in eine AHS statt in eine nahe gelegene NMS im Ballungsraum zu geben.

WIENER BOYKOTT

Nirgendwo war es so schwierig, einen systematischen Einblick in die Schulen zu bekommen, wie in Wien. Vereinbarte Besuche vor Ort wurden sehr oft kurzfristig wieder abgesagt, ohne Angabe von Gründen. Hinter den Kulissen wurde offenbar heftig daran gearbeitet, dass ich offiziell möglichst wenig Kontakt mit Schulen hatte, die von SPÖ-nahen Direktoren geleitet wurden. Nach dem Motto: „Meldet euch ja nicht bei dieser Ombudsstelle." Dass meine Arbeit von den Roten so umfassend wie möglich boykottiert werden würde, hatte ich befürchtet. Ausmaß und Vorgehensweise haben mich dann aber doch überrascht. Über meine Kontakte erfuhr ich auch den Grund: „Susi, du bist für alle Roten die Unperson schlechthin. Niemand soll mit dir mehr über irgendetwas reden." Auch in dieser Hinsicht ist Wien wieder ein Sonderfall. Denn in allen anderen Bundesländern war das anders. Lehrer und Leiter redeten mit mir, unabhängig davon, ob sie meine bisherigen öffentlichen Äußerungen teilten oder nicht. Darum ging es bei diesen Terminen auch nicht. Sie glaubten mir, dass ich diese Arbeit im Sinne der Schulen machte, ohne Rücksicht auf parteipolitische Befindlichkeiten.

Neben persönlichen Animositäten ist der Grund für diese Abwehrhaltung einfach erklärt: Je mehr Schulen mit mir in Kontakt treten, je mehr Einblick ich erhalte, desto deutlicher lassen sich die massiven Probleme der Wiener Schulen dokumentieren. Dabei wurde gerade in der Wiener Bildungspolitik mein Schritt an die Öffentlichkeit im September 2018 massiv kritisiert. Meine Erfahrungen seien auf meine Schule beschränkt und zeichneten ein überzogenes und fehlerhaftes Bild der Wiener Schulen. Durch meine Arbeit als Ombudsfrau sollte genau diese Frage, wie die Situation an vielen österreichischen Brennpunktschulen ist, beantwortet werden. Dass jetzt der Versuch, Informationen und Erfahrungen zusammenzutragen, ausgerechnet von der Stadt Wien nicht unterstützt wurde, ist daher schon seltsam. Offenbar ist die Angst vor dem Ergebnis dieser Erhebung und seinen politischen Folgen größer als die Sorge um die Zukunft der Schüler.

Natürlich bringen Wiener Schulprobleme die rot-grüne Stadtregierung in Bedrängnis. Sie werden aber nicht verschwinden, indem sie ignoriert, geleugnet oder verharmlost werden. Seit meinem Schritt an die Öffentlichkeit wird mir vorgeworfen, ich würde dazu beitragen, dass die FPÖ nach den Wien-Wahlen 2020 den nächsten Bürgermeister stellt. Über diese Kritik denke ich seither immer wieder nach. Denn eins ist klar: Die Freiheitlichen mögen einige Fehler in unseren Schulen klar erkennen und benennen, aber Lösungen für diese haben sie kaum. Ich erkenne bei der FPÖ keinerlei Interesse, den Kindern wirklich zu helfen. Und ich will auch nicht, dass sie im Bereich der Bildung mehr Verantwortung bekommen.

Es ist ein Dilemma. Wie kann man zeigen, dass es in Wien in allen Bereichen massive Schwierigkeiten gibt, die eigentlich gar nicht mehr zu bewältigen sind, ohne dass die rot-grüne Stadtregierung als Versager dasteht? Eine überzeugende Antwort auf diese Frage habe ich bislang nicht gefunden. Ich möchte jedenfalls keine Konflikte ignorieren oder Schwierigkeiten unter den Teppich kehren, nur weil es den „Falschen" in die Hände spielen könnte.

Ein „Weiter so" darf es auf keinen Fall geben. Dafür ist die Situation zu ernst. In Wien herrscht Chaos in und um viele Schulen. In der Bildungsdirektion reagiert man oft nur noch panisch, ohne nachzudenken. Es geht kaum noch um eine Bewältigung der Probleme, sondern primär um ein Vermeiden von öffentlicher Aufmerksamkeit, um ein „Kleinhalten". Je intensiver ich diese Politik der Stadt Wien thematisiere, desto mehr Mauern werden aufgebaut, desto größer ist die Abwehrhaltung der Verantwortlichen. Kritik wird zumeist als persönlicher und politischer Angriff empfunden. Mit meinem Wechsel ins Ministerium hat sich mein Verhältnis zu den in der Bildungspolitik Verantwortlichen Wiens noch einmal erheblich verschlechtert. Persönliche Animositäten stehen im Vordergrund und machen eine sachliche und professionelle Analyse von Brennpunktschulen unmöglich. Aus SPÖ-Kreisen habe ich erfahren, dass es Überlegungen gab, mich zu überreden, eine Ombudsstelle im Wiener Rathaus zu leiten. Ich sollte dort dasselbe tun wie jetzt, nur eben im institutionellen Umfeld der Sozialdemokraten. Offenbar wäre der Wiener SPÖ-Bürgermeister Michael Ludwig davon zu überzeugen gewesen. Doch der Widerstand aus Gewerkschaft, Bildungsdirektion und Partei waren am Ende offenbar zu groß. Natürlich hätte ich diese Arbeit lieber innerhalb meiner Fraktion gemacht. Aber Unabhängigkeit ist innerhalb einer Partei nicht möglich. Alles in einer Partei, auch eine Ombudsstelle, ist politisch gefärbt. So wäre dies für mich ohnehin nicht infrage gekommen. Denn wichtig sind die Probleme an den Schulen, und nicht, wie man sie politisch gut verwerten kann.

Für die meisten Sozialdemokraten bin ich eine Verräterin, die interne Probleme öffentlich gemacht hat und zum Feind übergelaufen ist, in dem Fall zum schwarzen Bildungsministerium. Menschlich mag diese Einstellung nachvollziehbar sein, doch sie bringt uns nicht weiter. Wir haben keine Zeit für diese persönlichen Befindlichkeiten. In Gesprächen mit dem Wiener Bildungsdirektor, Heinrich Himmer, habe ich klar betont, dass der Bericht der Ombudsstelle keine Rücksicht auf parteipolitische Positionen nimmt. Dass ich aufzeigen möchte, was Brennpunktschulen brauchen. Es wird am Ende mit Sicherheit kein ÖVP- oder FPÖ-gefärbter Bericht herauskommen. Mir gegenüber betonte er daraufhin, wie wichtig es sei zusammenzuarbeiten. Doch immer, wenn wir genau das tun wollten, wenn gemeinsame Gesprächstermine vereinbart wurden, dann war kaum ein Direktor anwesend. In keinem anderen Bundesland stieß ich auf so große Ablehnung. Natürlich hatte ich trotzdem sehr viele Gespräche mit Wiener Lehrern und Leitern, doch kaum offizielle Termine. Die meisten liefen unter „privat", auch wenn wir nur über die Situation in den Klassenzimmern sprachen. Einige traf ich im Ministerium, andere wollten sich nur auf neutralem Boden mit mir zusammensetzen. Sie hatten Angst, im Ministerium gesehen zu werden. Allein diese Tatsache zeigt, wie ideologisch und parteipolitisch verseucht unser System ist.

Alle, die ich trotz dieser Sorgen an einem unscheinbaren Ort traf, hatten sehr dramatische Geschichten zu erzählen. Vieles ließ mich sehr nachdenklich zurück. Was mich schockierte, war weniger die Tatsache, dass fast alle ähnliche Erfahrungen mit muslimischen Schülern gemacht hatten, sondern dass die Vorfälle immer tragischer werden. So erzählte mir eine Lehrerin von ihren tschetschenischen Schülerinnen, denen zu Hause aus Strafe die Köpfe kahlrasiert worden waren. So etwas habe ich während meiner Zeit noch nicht erlebt. Als das Jugendamt verständigt wurde, sagten die Mädchen, es sei ein Kaugummi in den Haaren geklebt. Der Lehrerin hatten sie zuvor einen vollkommen anderen Grund genannt: weil sie in der Schule ihre Haare nicht bedeckt hatten.

Die Mädchen trugen seither den Hijab. Mit diesem Wissen muss man als Lehrerin nun weiterhin, möglichst professionell, seine Arbeit machen. Während dieser Gespräche spürte ich jedes Mal die Ohnmacht der Lehrerinnen, die diese Schülerinnen am liebsten aus der Familie herausgeholt hätten. Dieses Gefühl der Machtlosigkeit kennen sehr viele Lehrerinnen. Man weiß von einem Übergriff, meldet den Vorfall, aber es passiert nichts. Mit dem Gefühl, wieder einmal einige Kinder verloren zu haben, muss jeder Lehrer selbst klarkommen. Viele schaffen das nicht mehr, einige von ihnen entwickeln psychische und physische Leiden.

Derartige Fälle werden – wenn sie überhaupt jemals die Wiener Bildungsdirektion erreichen – stets als tragische Einzelfälle eingestuft. Mantraartig wird wiederholt, es gäbe keine flächendeckenden kulturellen Konflikte an Wiener Schulen. Wer mit Lehrern und Leitern von Brennpunktschulen spricht, weiß es besser. Schweigen bedeutet nicht, sich neutral zu verhalten; es stärkt den Status quo und damit ein System, in dem die parteipolitischen Machtkämpfe alles überlagern und dominieren.

ANGST VOR WIENER VERHÄLTNISSEN

Viele Lehrer außerhalb von Wien beobachten die Schulsituation in der Hauptstadt mit Sorge. Selbst in Oberösterreich, einem Land mit einem guten Fördersystem und verhältnismäßig guten Bildungsergebnissen, habe ich diese Furcht gespürt: dass bei ihnen bald Wiener Verhältnisse herrschen. Dass die Schülerschaft immer schlechter durchmischt ist. Dass es dann auch bei ihnen Schulen mit hundert Prozent Migrationsanteil gibt, in denen nur noch Kinder aus sozial schwachen Familien sind, deren Eltern Analphabeten sind und nicht arbeiten. Diese Angst habe ich bei sehr vielen Gesprächen gespürt.

Am geringsten war diese Sorge in den beiden rot regierten Bundesländern Burgenland und Kärnten ausgeprägt. Dort ist der Anteil an Schülern mit Migrationsanteil aber auch noch vergleichsweise gering. Ich erinnere mich an ein Gespräch im Burgenland, als mir ein Lehrer leicht zynisch sagte: „Wir haben hier keine Brennpunktschulen, weil wir kaum Asylwerber haben. Die sind nach Wien gegangen. Die habt alle ihr." Auf meine Frage, ob dieser Egoismus denn eine sozialdemokratische Haltung sei und ob eine Verteilung von Flüchtlingen aufs Burgenland nicht sinnvoll gewesen wäre, antwortete er mir: „Nein, wir sind ganz froh, keine zu haben. Und außerdem sind die eh alle wegen des Geldes nach Wien gegangen."

Die Angst vor Wiener Verhältnissen betrifft auch das sinkende Leistungsniveau vieler Kinder. Eine Volksschullehrerin aus Tirol erzählte mir, dass Schüler schon positiv benotet werden, wenn sie schön schreiben. Ob sie das, was sie schreiben, verstehen, ist oft gar nicht mehr das Thema. Noch betrifft diese Problematik nur einzelne Schulen in Tirol, aber die Sorgen der Pädagogen sind berechtigt. Natürlich werden diese Bundesländer niemals die Probleme einer Millionenstadt wie Wien haben, doch dass sich etwas zum Schlechteren verändert, und zwar in immer mehr Klassenzimmern, nehmen alle in diesen Schulen wahr. Und vor dieser Entwicklung fürchten sie sich. Selbst in den Schulen, die von der Situation einer Wiener Brennpunktschule noch sehr weit entfernt sind, kapituliert man bei vielen Problemen bereits. Es breitet sich eine gefährliche Ratlosigkeit aus. Sehr oft kam die Frage: „Wie sollen wir diese Entwicklung denn überhaupt noch aufhalten? Wir entlassen viele Kinder doch jetzt schon mit null Kompetenzen. Und es werden mehr. Was sollen wir denn machen?"

Die Klagen der Lehrer ähneln sich in allen Bundesländern. „Wir erreichen die Kinder nicht mehr. Es mangelt an Übersetzern und Sozialarbeitern, die wirklich mit den Familien arbeiten." Weil sich viele versetzen lassen, herrscht an vielen Brennpunktschulen Lehrermangel. Alle Lehrer, mit denen ich in Österreich gesprochen habe, sorgen sich um die Zukunft ihrer Schüler. Sie können oft nur zusehen, wie jedes Jahr Jugendliche die Schule verlassen, ohne wirklich lesen und schreiben zu können.

Ein Thema, das bei diesen Terminen auch immer sehr emotional besprochen wurde, war der Versorgungsstaat. Viele Lehrer sehen die Rundum-Versorgung des Staates, die es Familien erlaubt, ein relativ angenehmes Leben in Österreich zu führen, ohne zu arbeiten, als Teil des Problems. Geschichten über Jugendliche, die eine Lehrstelle kündigen, weil sie beim Arbeitsmarktservice mehr Geld fürs Nichtstun bekommen, hörte ich in vielen Bundesländern. Wie lange wird das gut gehen, wenn wir viele Jugendliche in die Gesellschaft entlassen, die wohl nie wirklich arbeiten werden, entweder weil sie zu schlecht qualifiziert und ausgebildet, oder aber einfach zu faul sind? Das soll nicht bedeuten, dass wir keine Probleme mit autochthonen Kindern haben. Tatsache ist aber: Diese Kinder gibt es an unseren Schulen immer weniger.

Die Situation kippt, wenn die Deutschkenntnisse bei 70 Prozent der Schüler so schlecht sind, dass sie dem Unterricht nicht mehr folgen können. Sie können zwar miteinander reden, aber es reicht nicht annähernd, um Lerninhalte zu verstehen. Wenn dann noch soziale und religiöse Probleme dazukommen, verlieren die Lehrer nach und nach die Kontrolle. Und dann beginnt die Abwärtsspirale: Die Schüler fehlen oft im Unterricht, bringen keine Entschuldigung, sind aggressiv und verhaltensauffällig. Mit den Eltern kann man oft nicht kommunizieren. Wenn all das in einer Klasse zu übermächtig wird, wenn das nicht nur ein paar Kinder betrifft, sondern mehr als die Hälfte, dann kann das kein Lehrer mehr bewältigen. Natürlich kann man die Schüler und ihre Familien nicht

zwingen, aufs Land zu ziehen. Aber in manchen Ballungsräumen fragen sich viele Lehrer, warum man nicht versucht,
die Schülerströme ethnisch besser zu durchmischen. In Innsbruck stellten einige die Frage, warum denn fast alle Türken
auf nur zwei Schulen gehen müssen. Warum teilt man die
nicht auf?

Wenn man sich um zu viele Kinder individuell kümmern
muss, gerät die Situation außer Kontrolle. Es wird einfach zu
viel, egal wie gut ein Lehrer ist. In so einer Klasse kann man
sich auch nicht mehr um jene Schüler kümmern, die eigentlich gut lernen könnten, weil es bei ihnen passt, sowohl mit
ihren Sprachkenntnissen als auch mit ihrem familiären Umfeld. Selbst diesen Schülern, die eigentlich gute Voraussetzungen für eine erfolgreiche Schullaufbahn hätten, nimmt
dieses Umfeld die Chancen auf Bildung.

„Ich kann mich nicht um alle kümmern." Aussagen wie diese habe ich an etlichen Schulen von Lehrern gehört. Wie engagiert die Lehrer auch sind, sie können es nicht schaffen. Natürlich macht das viele unzufrieden. Besonders wenn sie sich
mit Kollegen aus den ländlichen Regionen vergleichen. Denn
egal, was sie sich einfallen lassen, wie sehr sie sich aufreiben,
als Lehrer an Brennpunktschulen werden die Ergebnisse der
Schüler immer schlechter sein. Ich erinnere mich an das Gespräch mit einigen Volksschullehrerinnen, die ihren Frust offen aussprachen: „Hier sitze ich mit 25 Kindern. Keines hat
Deutsch als Muttersprache, und sie kommen auch noch aus sozial schwierigen Verhältnissen. Dort am Land würde ich wahr-
scheinlich mit deutlich weniger Schülern, von denen meist alle

gut Deutsch sprechen, in einer Klasse sitzen. Warum tue ich mir das eigentlich an?"

Viele Lehrer, mit denen ich gesprochen habe, fragen sich ernsthaft, was diese Entwicklung für die Gesellschaft bedeuten wird. Welche Konsequenzen hat es, wenn immer mehr Jugendliche schlecht ausgebildet sind und von Sozialhilfe leben? Auch wenn mich viele für diese Aussage kritisieren werden, so muss ich das so deutlich sagen: Ein größer werdender Teil unserer Jugendlichen wird niemals einer geregelten Arbeit nachgehen. Stattdessen werden diese jungen Erwachsenen sehr früh Kinder bekommen. Und diese Kinder werden dieselben Probleme haben wie ihre Eltern. Ihre Chancen auf ein besseres Leben sind gering. Denn leider vererben sich die sozialen Probleme. Das soll jetzt nicht heißen, dass ich ihnen verbieten will, Kinder zu kriegen, das will ich mit Sicherheit nicht. Aber wir müssen uns als Gesellschaft schon fragen, was aus dieser verlorenen Generation wird. Denn diese Gruppe wächst.

Welche Antworten Lehrer von ihren Vorgesetzten und Bildungsdirektoren auf ihre Fragen bekommen und wie darüber diskutiert wird, unterscheidet sich von Bundesland zu Bundesland. Ein sehr offenes Gesprächsklima herrscht in Oberösterreich. Alle Probleme wurden dort bei meinen Terminen klar benannt und besprochen. Die Verantwortlichen zeigten Verständnis für die Belange von Lehrern und Leitern. Auch hier ist Wien wieder einmal anders. Schlimm ist: Man kennt die Schwierigkeiten, man weiß sehr genau, welche Schulen welche Probleme haben. Es darf nur nicht offen darüber gesprochen werden.

In meiner Zeit als Ombudsfrau bin ich an den Wiener Strukturen wirklich verzweifelt. Es wird einfach zu viel zugedeckt. Sehr gern „verschiebt" man einfach ein Problem – in diesem Fall oft aggressive Kinder – von einer Schule zu einer anderen. „Ah, du hast einen gewalttätigen oder einen schwerdepressiven Schüler, der sich ritzt. Na, das Beste ist, wir geben ihn woanders hin." Der neuen Schule wird oft nicht mitgeteilt, warum ein Wechsel erfolgt. Man glaubt das Problem zu lösen, indem man Schüler einfach woanders hingibt. Erst vor kurzem rief mich eine Schulleiterin an und empörte sich: „Ich habe einen Schüler bekommen, der ist extrem gewalttätig, hatte schon mehrere Messerstechereien. Gesagt hat man mir darüber nichts. Ich habe es zufällig erfahren." Das ist leider kein Einzelfall. Ich kenne Kinder, die nach einem Selbstmordversuch oder nach gewalttätigen Ausbrüchen gegenüber Mitschülern oder Lehrern einfach an eine andere Schule geschickt wurden. Informationen bekommen die Schulleiter meist keine. Auch im Schülerstammblatt finden sich oft keine Gutachten oder Berichte dazu. Aus Datenschutzgründen erhalten die Lehrer keine Infos vom Jugendamt. Die neue Lehrerin weiß also oft nicht, mit wem sie es zu tun hat, worauf sie achten oder ob sie sich um jemanden intensiver kümmern sollte. Teilweise erfahren die Lehrer über ihre Schüler mehr aus den Medien als von ihrer eigenen Schulbehörde.

Eine Zusammenarbeit auf Augenhöhe, bei der man daran interessiert ist, die vielschichtigen Probleme gemeinsam zu lösen, sieht anders aus. Die Begründung lautet: „Wir wollen die Kinder nicht stigmatisieren." Ja, kann ich verstehen. Jeder soll eine zweite Chance bekommen. Aber was spricht dagegen, einige wesentliche Informationen mit den Lehrern zu teilen, besonders wenn etwas so Massives vorgefallen ist? Denn oft machen diese Kinder in der neuen Schule genauso weiter wie früher, und keiner ist darauf vorbereitet. Ein Schulwechsel löst kein einziges Problem. Trotzdem wird dasselbe Prinzip des „Verschiebens" auch bei schwierigen Lehrern angewendet. Sie werden einfach an eine andere Schule versetzt.

In der Lehrerschaft spricht man nicht ohne Grund von „Wanderpokalen", sowohl bei Schülern als auch bei Lehrern. Warum wird darüber nicht offen gesprochen? Warum sagt man nicht: Wir haben hier einen Schüler, der dieses oder jenes Problem macht, wie lösen wir das jetzt? Wen ziehen wir hinzu? Wer könnte da unterstützen?

Vielleicht sind für diesen Zugang die Probleme in Wien aber auch schon viel zu groß. Es sind schließlich keine Einzelfälle. So werden die Kinder hin- und hergeschoben, bis sie das Ende der Schulpflicht erreicht haben und man das Problem buchstäblich los ist. Diese „Nach mir die Sintflut"-Haltung mag isoliert gesehen helfen, gesamtgesellschaftlich hat sie katastrophale Folgen. Und ich frage mich schon seit Jahren: Warum wird dieses Verhalten von der Wiener Bildungsdirektion toleriert?

Diese Ignoranz ist nirgendwo so ausgeprägt wie in Wien. Auf die Frage, ob Lehrer oder Schulleiter sich mit ihren Anliegen an die Bildungsdirektionen wenden können und das Gefühl haben, auf Verständnis zu stoßen und Unterstützung zu erhalten, lautete die Antwort fast immer: „Ja, das können wir und das tun wir auch." Eine gewisse Ausnahme bildet Vorarlberg. Egal ob das Bundesministerium rot oder schwarz ist – in meinen Augen lehnt Vorarlberg aus Prinzip und Überzeugung nahezu alles ab, was vom Bund kommt. Die Schulleiter der dortigen Brennpunktschulen habe ich bei einem gemeinsamen Termin getroffen, zu dem die Vorarlberger Bildungsdirektion eingeladen hatte.

Eigentlich war es ein Termin wie jeder andere auch: ein Gespräch über Probleme in den dortigen Brennpunktschulen, was die Lehrer brauchen, was ihnen fehlt oder was gut funktioniert. So habe ich die Termine in jeder Schule, in jedem Bundesland abgehalten. In Vorarlberg war das nicht möglich. Es ging dort allein um einen parteipolitisch motivierten Angriff auf meine Person. Das ging so weit, dass man mir unterstellte, ich würde muslimische Frauen, die nicht arbeiten, am liebsten sterilisieren lassen. Dieser Vorwurf war nur die Spitze der Untergriffigkeiten an diesem Tag. Es war eins der unangenehmsten und gleichzeitig absurdesten Gespräche während meiner Zeit als Ombudsfrau. Selten zuvor bin ich persönlich so attackiert worden. Und selten zuvor hatte ich den Eindruck, in einer kommunistischen Parallelwelt gefangen zu sein. Ich bin mir vorgekommen wie in früheren Zeiten, als ich auf marxistischen Studentenveranstaltungen war. Das war alles ziemlich skurril, und ich habe mir gedacht: „Verdammt nochmal, das sind keine 18-jährigen Revoluzzer aus Kuba, sondern alles Schulleiter von Brennpunktschulen in Vorarlberg."

Da ich keine Diskussion scheue, habe ich mich auch auf diese Auseinandersetzung eingelassen. Doch die Situation geriet zunehmend außer Kontrolle. Eine Welle des Hasses schlug mir entgegen. Erst als ich sagte: „Ich habe verstanden. Offenbar bin ich den ganzen Tag mit dem Zug ins westlichste Bundesland gefahren, um mir untergriffige und unsachliche Beschimpfungen anzuhören. Das hat keinen Sinn. Ich breche den Termin ab und fahre zurück." Daraufhin haben sie sich eingekriegt und gesagt: „Okay, wir diskutieren mit Ihnen über die Politik, aber die Probleme an unseren Schulen diskutieren wir nicht, denn wir haben keine."

Interessanterweise meldeten sich nach und nach immer mehr Schulleiterinnen zu Wort, die genau das wollten: über Probleme an Schulen sprechen. „Jetzt hört einmal auf, über die Politik zu diskutieren, reden wir lieber mal über unsere Probleme, die unsere Lehrer an unseren Schulen haben. Denn dass wir keine haben, stimmt einfach nicht. Wir müssen uns hier nicht selbst belügen."

Die Probleme kamen langsam an die Oberfläche. Beklagt wurden die schlechten Leistungen der Schüler, das Verweigern vielfältiger Integrationsangebote, der Boykott des Schwimmunterrichts oder des Skifahrens. Also alles, was früher üblich war, wird immer schwieriger. Es wird aber nicht abgelehnt, weil es zu wenig finanzielle Unterstützung gibt – in Vorarlberg fahren die Schüler beispielsweise gratis Ski –, sondern weil es den kulturellen und religiösen Geboten entgegensteht. Viele Schulleiterinnen klagten auch über den sehr negativen Einfluss von Moscheen in Vorarlberg.

Ich erinnere mich an eine Lehrerin, die aufgestanden ist und gesagt hat: „Hört einmal zu, ich habe enorme kulturelle Konflikte in meiner Klasse, zwischen muslimischen Schülern und orthodoxen Schülern. Sie kontrollieren einander im Ramadan, wer isst, wer nicht isst. Sie beschuldigen einander, Schweinefleisch zu essen. Ich konnte unlängst nicht mal mehr eine Wanderung machen, weil sie so sehr über das Gipfelkreuz gestritten haben, dass ich den Ausflug abbrechen und zurück in die Schule gehen musste."

Diese Lehrerin redete sich buchstäblich den Frust von der Seele. Sehr emotional und gleichzeitig zutiefst empört darüber, wie all diese Veränderungen einfach nur stillschweigend hingenommen oder so dargestellt werden, als hätte es das schon immer gegeben. Nach diesen sehr leidenschaftlich vorgetragenen Schilderungen erwartete ich mir eine hitzige Diskussion der anwesenden Leiter. Doch nicht nur diese Lehrerin sollte enttäuscht werden. Von den Schulleitern im Raum wurde sie vollkommen ignoriert. Man ist nicht auf sie eingegangen. Man hat sie nicht einmal angeschaut.

Dass es in Vorarlberg schon so viele Schulen mit so großen Schwierigkeiten gibt, hat mich überrascht. Schockiert war ich dagegen, als die Leiter mir die Erklärung für diese Situation darlegten. Ihnen zufolge sei das von der türkis-blauen Regierung geschaffene Klima an dieser Entwicklung schuld. Auf meine Frage, ob sie wirklich der Meinung seien, dass es diese Probleme vorher unter Rot-Schwarz nicht gegeben habe, antworteten sie: „Natürlich haben diese Dinge existiert, aber das Klima ist entscheidend. Die Kinder und Eltern an unseren

Schulen wissen, dass ihnen der Herr Kurz nicht auf Augenhöhe begegnet, und das Wichtigste ist, einander auf Augenhöhe zu begegnen."

Einer der anwesenden Schulleiter schlug vor, alle Grundstücksbesitzer am Bodensee zu enteignen, um dann dort eine türkische Community ansiedeln zu können. Das würde zu einer deutlich besseren Durchmischung an den Schulen führen. Natürlich fanden das alle witzig und haben gelacht. Auch wenn dieser Vorschlag primär als Provokation gedacht war, zeigt er doch die Haltung vieler linker Direktoren. Denn auf meine Antwort, dass ich ihm da nicht zustimmen könne, meinte er: „Das war doch eh klar. Und Sie wollen noch links sein?" Er wollte mich entlarven, dass ich immer betone, ich sei links, aber wenn ich nicht für Enteignung bin, dann kann ich nicht links sein. Es ging in Vorarlberg fast ausschließlich um meine Person. Mir ging es aber um die Probleme an den Schulen. Doch von diesen Schulleitern habe ich kein einziges Problem erfahren. Die Trennlinie verlief bei diesem Termin zwischen Frauen und Männern: Während die Leiterinnen über Probleme sprachen, redeten ihre männlichen Kollegen lieber konsequent alles schön.

LEHRER IM GRIFF DER PARTEIPOLITIK

Die Besetzung von Schulleiterposten ist, wie alles im Bildungssystem, von Parteipolitik dominiert. Die Auswahl der Leiter sorgt bei Lehrern oft für Irritation und Verwunderung. Bei vielen drängt sich der Eindruck auf, dass nicht unbedingt die Kompetentesten als Direktoren eingesetzt werden, sondern eher die parteipolitisch Treusten: jene, die jemandem einmal einen Gefallen getan haben, denen man im Gegenzug etwas versprochen hat und bei denen man sich durch die Bestellung zum Direktor nun dafür „bedanken" kann. Ich habe das bei diversen sogenannten Hearings, bei denen die Leiter sich präsentieren und ausgewählt werden, erlebt. Die Unkritischsten mit den besten politischen Beziehungen haben oft die besten Chancen auf die Schulleiterstelle. Das macht sich natürlich auch in der Qualität bemerkbar. Viele Direktoren wirken auf mich wie Marionetten des Systems. Sie tragen alles, was aus ihrer Partei kommt, treu mit, hinterfragen nichts, verharmlosen, wenn es sein muss. Wie soll sich so etwas an den Schulen verändern? Aus meiner Zeit als Personalvertreterin kann ich sagen: Genau jene Schulen, die von „Parteimarionetten" geleitet werden, haben oft die schlimmsten Probleme.

Natürlich waren Schulleiter schon immer parteilich organisiert. Ohne passendes Parteibuch erreichte und erreicht man kaum etwas in unserem Bildungssystem. Meiner Wahrnehmung nach hatten diese Personen früher aber trotz ihrer parteipolitischen Nähe deutlich mehr pädagogische Substanz. Sie waren kompetenter und zeigten in vielen Fällen mehr Eigeninitiative. Heute wirken viele Leiter auf mich total überfordert, sie haben keine Visionen und scheitern in der täglichen Arbeit. Das Problem ist: Man wird sie nicht mehr los und findet auch nur schwer Ersatz.

Dieses Besetzungssystem setzt sich in den Ebenen darüber fort. Wo auch immer ein Posten zu vergeben ist, in den seltensten Fällen entscheidet die Eignung. Wer in Wien aus dem Dunstkreis der SPÖ-nahen „Kinderfreunde" kommt, hat gute Chancen, früher oder später einen sehr gut bezahlten Posten in der Verwaltung zu bekommen. Das Resultat: Unfähige, aber linientreue Leute sagen dann Fähigen, was sie zu tun und zu lassen haben. Schlimmer könnte sich ein Systemversagen nicht niederschlagen. Je parteitreuer man ist und je linientreuer alles aus der Bildungsdirektion mitgetragen wird, desto schneller steigt man auf und macht Karriere. Der Erfolg dieser Personen ist leider oft eng mit dem Misserfolg der Schulen verbunden. Denn die so besetzten Spitzenposten sind äußerst einflussreich und daher unter der Lehrerschaft zum Teil ziemlich gefürchtet. So entscheidet beispielsweise der Qualitätsmanager (früher Schulinspektor) eines Bezirks über das Stundenkontingent, die Zuteilung der Schüler und darüber, wie viele und welche Lehrer eine Schule bekommt. Sich dagegen zu wehren, ist nahezu unmöglich. Es sei denn, man geht an die Öffentlichkeit und erzeugt medialen Druck. Doch davor scheuen viele Direktoren zurück. Entweder aus Sorge, dass es niemanden interessiert, oder aber aus Angst, dass diese Kritik die persönliche Karriere beendet. Gleichzeitig möchte man sich natürlich auch nicht innerhalb der Gruppe der Schulleiter isolieren. Der Gruppendruck ist enorm. Ich habe das selbst als Lehrerin und Personalvertreterin viele Jahre lang erlebt.

Fast beklemmend auf meiner Tour durch die Bundesländer war die Erkenntnis, wie sehr sich dieser Ideologiestreit direkt auf die Leiter und Lehrer und somit auch auf die Schüler auswirkt. Aber wie kann man das verändern? Vor allem Schulleiter stehen unter einem enormen Druck, wenn sie aus den Reihen ihrer Fraktion tanzen. Ein Beispiel dafür bot eine Diskussion mit Leitern und Qualitätsmanagern in einer der neun Bildungsdirektionen Österreichs. Einige Schulleiter argumentierten in einer Weise, die mich wirklich erschreckte. Schuld an der Bildungsmisere sei neben der Hetze der FPÖ vor allem das kapitalistische neoliberale System. Dies zeige sich an den teuren Grundstückspreisen, die eine bessere Durchmischung der Bevölkerung verhindere.

Bis dahin habe ich den Argumenten gar nicht widersprochen. Plötzlich kam aber auch das Thema Enteignungen zur Sprache. Das Geld der enteigneten Grundstücksbesitzer sollte an die türkische Gemeinde verteilt werden, um deren Lebenssituation zu verbessern. Dadurch könne soziale Gerechtigkeit in unserer Gesellschaft erreicht werden. Ich war nur mehr sprachlos. Das wurde nicht an irgendeinem Stammtisch gesagt, sondern von einem Leiter in der Bildungsdirektion unter Zustimmung anderer verkündet. Es war mir durchaus klar, dass man mich provozieren wollte, um mir zu zeigen, für welch rechtes und neoliberales Gedankengut ich mich hergegeben habe. Ehrlich wurde mir diese Kritik auch genauso mitgeteilt.

In derselben Gesprächsrunde erzählten Lehrerinnen auch von großen kulturellen Problemen in ihren Klassen. Auf deren Schilderungen wurde jedoch nicht eingegangen, man ignorierte sie einfach. Die enorme Spannung, die in diesem zweistündigen Gespräch im Raum lag, war irritierend, unangenehm und erdrückend. Und leider exemplarisch für viele Diskussionen zu diesem Thema. Die Leiter, in dem Fall waren es ausschließlich Männer, betonten, wie wichtig es sei, gerade mit den Eltern der türkischen Community auf Augenhöhe zu kommunizieren. Dem kann ich völlig zustimmen und habe es dort auch offen getan. Die Augenhöhe hatten sie allerdings gegenüber jenen Lehrerinnen, die von kulturellen Konflikten in ihren Klassen erzählten, komplett verloren. Sie behandelten diese, wie auch mich, wie „dumme kleine Schulmädchen".

Gerne hätte ich diese Direktoren gefragt, ob sie vielleicht gerade deshalb so mit dem konservativen Islam sympathisieren, weil ihnen das Frauenbild dort gefällt. Aber Zynismus ist nie gut, schon gar nicht, wenn man eine Ombudsstelle leitet. Zynismus bringt uns nicht weiter. Also überlegte ich mir bis spät in die Nacht, was in dieser Situation helfen könnte. Ideologisch verblendete und parteipolitisch stark engagierte Lehrer dürften meiner Ansicht nach niemals Schulleiter werden. Das genaue Gegenteil ist derzeit in Österreich der Fall. Leiter mit einer starren Ideologie sind mitunter die lautesten und einflussreichsten. Die große Mehrheit besteht jedoch aus Realisten. Sie wünschen sich, dass die Parteipolitik aus den Schulen endlich verschwindet. Leider ziehen sich Vertreter dieser Mehrheit immer mehr zurück und schweigen. Einerseits, weil sie mit administrativen Arbeiten zugemüllt werden, andererseits befürchten sie Nachteile für ihre Schule, wenn sie von der jeweiligen parteipolitischen Linie abweichen. Diese Sorgen sind absolut berechtigt. Eine beliebte und gängige „Bestrafung" von kritischen Direktoren ist es, ihnen äußerst auffällige Schüler zuzuweisen und sie gleichzeitig beim Lehrpersonal zu benachteiligen.

Ich habe auch darüber nachgedacht, wie wohl die Lehrerkonferenzen bei solchen „Chefideologen" ablaufen. Gleichen diese einer Parteiveranstaltung? Wie begegnen Ideologen eigentlich ihren Lehrern, wenn diese von Problemen mit Schülern und Eltern berichten? Die vielen Gespräche mit Schulleitern und Lehrern haben mir gezeigt: Zu viel politische Ideologie in den Köpfen lässt sich nur schwer mit kreativer Schulentwicklung vereinbaren. Österreichs Schulen haben sich davon noch viel zu wenig gelöst. Gehandelt und entschieden wird überwiegend nach dem eigenen Standpunkt und nicht danach, welche Probleme es zu lösen gilt.

Im österreichischen Schulsystem führen wir ständig politische Stellvertreterkriege und natürlich einen Kampf um Ressourcen. Und dies in einem Land, das auch im Vergleich mit anderen Ländern sehr viel Geld für Bildung ausgibt. Dass diese Mittel größtenteils sinnvoll und effizient eingesetzt werden, bezweifeln viele. Trotz der sehr hohen Bildungsausgaben herrscht Lehrermangel. Wir haben in Österreich allerdings nicht nur zu wenige Lehrer, sondern leider oft auch die falschen. Als Wiens Bildungsdirektor Heinrich Himmer (SPÖ) ankündigte, nicht geeignete Lehrer kündigen zu wollen, war ich ziemlich überrascht. Gerade in Wien werden händeringend Lehrer gesucht. Viele Lehrer arbeiten mit Sondervertrag, da sie ihre Ausbildung noch nicht abgeschlossen haben. Das ist nicht die Schuld der Stadt Wien. Man hat im gesamten Österreich diese Entwicklung völlig verschlafen. Ein großer Teil der über 60-Jährigen verabschiedet sich in die Pension. Das kam nicht wirklich überraschend. Überraschend ist es dagegen, dass nicht sichergestellt wurde, dass rechtzeitig ausreichend junge Lehrer nachrücken.

Wenn Leiter ohne ersichtlichen Grund Druck auf Lehrer ausüben, habe ich als Personalvertreterin immer auf den Lehrermangel hingewiesen. So machten sich junge Lehrer weniger Sorgen um einen neuen Vertrag. Dies hat natürlich Schattenseiten, über die kein Gewerkschafter – auch ich nicht – gerne spricht: Fast alle Lehrer, die sich bewerben, werden genommen. Nicht geeignete, die es in jedem Beruf gibt, können nicht gekündigt werden. Sie werden von diesem System durchgetragen. Dies ist nicht nur verantwortungslos den Kindern gegenüber, sondern eine große Belastung für die Lehrer eines Schulteams. „Ich muss mich nicht nur um meine Schüler kümmern, sondern auch um den unfähigen Kollegen. Bei der Kollegin habe ich den Eindruck, sie ist permanent im Sabbatical", waren Klagen, die ich von Lehrern und Leitern an vielen Schulen hörte.

LÜGEN FÜR DEN LEHRPLAN

In vielen Gesprächen waren die schwachen Leistungen der Schüler eins der bestimmenden Themen während meiner Zeit als Ombudsfrau im Ministerium. „Wo soll das noch alles hinführen? Wir beurteilen ja schon positiv, wenn jemand nur leserlich schreibt oder halbwegs bemüht ist", beklagten sich viele Pädagogen. Eine riesige Hürde ist das sinnerfassende Lesen. Einfachste Texte stellen viele Kinder und Jugendliche vor große Probleme. Lehrer wissen oft nicht mehr, wie sie eine Frage in einem Test am besten formulieren sollen. Man will ja, dass die Schüler zumindest die Frage verstehen. So kann es passieren, dass Elfjährige bereits an der Fragestellung „Nenne drei innere Organe" scheitern. Die Antworten erstrecken sich von Tiernamen über Ottakring und Simmering. So sitzt man also vor diesem Test und überlegt, was sich der Schüler dabei gedacht haben könnte. Vielleicht hat er Organe mit Bezirken verwechselt? Aber Simmering und Ottakring sind leider Wiener Außenbezirke. Hätte er Wieden und Margareten geschrieben, könnte man unter Umständen noch einen halben Punkt geben. Wir Lehrer sind großartig im Aufspüren von Punkten. Die Frage ist, ob dies wirklich eine gute Idee ist. Schließlich haben Bewertungen überhaupt nur einen Zweck, wenn sie das Leistungsniveau der Schüler widerspiegeln. Doch was wäre die Alternative zum Durchschummeln? Wie sinnvoll ist es, Schüler dreimal eine Klasse wiederholen zu lassen? Mitunter sitzen Dreizehnjährige in vierten Volksschulklassen. Weder Mitnehmen und Durchschummeln noch mehrmaliges Wiederholenlassen sind praktikable Lösungen. Für genau diese Situation brauchen wir dringend neue Lehrpläne. Derzeit reden wir uns ein, dass jeder Schüler die Anforderungen des österreichischen Lehrplans erfüllen könnte. Wir belügen uns damit nur selbst. Viele Schüler sind – und werden auch in Zukunft – mit dem vorgesehenen Lehrstoff vollkommen überfordert sein.

Ein Journalist fragte mich einmal interessiert: „Können eigentlich alle Schüler innerhalb von zwei Jahren so gut Deutsch, dass sie dem Unterricht folgen können?" Nein, die meisten können dies natürlich nicht. Nicht einmal alle Schüler, die in Österreich geboren wurden, die Staatsbürgerschaft haben und sogar den Kindergarten hier besuchten, schaffen es, dem Unterricht ausreichend zu folgen. Auf seine Frage, was wir Lehrer in diesen Fällen machen, ist die Antwort klar. Wir lassen sie durch. In vierten Volksschulklassen in Brennpunktschulen gibt es Zwölfjährige, die sich mit den Malreihen abmühen. Vom Verstehen längerer Texte kann keine Rede sein. Es wäre notwendig, für diese Schüler eigene Lehrpläne zu entwickeln, selbstverständlich mit intensiver und individueller Förderung. Wir müssen uns endlich von der Idee verabschieden, Schüler seien alle gleich und hätten die gleichen Voraussetzungen. Ob in Deutschklassen oder mit integrativer Förderung: Die Sprachkenntnisse reichen nach zwei Jahren bei der Mehrheit der Schüler mit Migrationshintergrund nicht aus, um dem Unterricht zu folgen. Gerade in Wien scheint dies konstant ignoriert zu werden. Gebt uns mehr Geld, und unsere Ergebnisse werden besser, lautet das Credo der Bildungspolitiker. Mit der Realität hat das nicht viel zu tun. Mehr Geld allein löst die Probleme nicht. Es ermöglicht lediglich, diese länger zuzudecken. Wenn Schüler ihre Lerndefizite von einem auf das andere Schuljahr mitschleppen, werden diese größer. Ein weiteres Problem zeigt sich bei der Ausbildungspflicht bis 18 Jahre. Die Idee dahinter ist gut. In der Realität sitzen an den Berufsschulen allerdings zunehmend mehr junge Männer und Frauen, die eigentlich keine Chance auf einen Abschluss haben. Ihre Leistungen sind schlecht, sei es wegen zu geringer Deutschkenntnisse oder aus Mangel an Motivation. Nicht selten beginnen diese Schüler den Unterricht zu stören und ihre Mitschüler am Lernen zu hindern. Als ich einen Politiker auf dieses Problem ansprach, antwortete er fast schon ein wenig hilflos: „Was sollen wir denn machen? Wollen Sie diese jungen Männer lieber auf der Straße haben?"

Nach außen wird das Konzept „Ausbildungspflicht bis 18 Jahre" jedoch verteidigt und als Erfolg dargestellt. Ein Salzburger Berufsschullehrer brachte es bei einem Gespräch auf den Punkt: „In Ballungsräumen werden auch Berufsschulen immer mehr zu Restschulen. Damit bringt man Schüler um eine gute Ausbildung. Und wir bringen uns als Gesellschaft um Facharbeiter."

Der Schulalltag hat sich in den letzten Jahren erheblich verändert. Die Anforderungen an die Schule sind größer geworden. Natürlich spielt dabei eine Rolle, dass viele Schüler

Deutsch als Zweitsprache sprechen. Dies hat nichts mit deren Intelligenz zu tun. Trotzdem wirkt es sich auf den Schulalltag aus. Ich wurde oft gebeten, dem Ministerium die Realität in den Klassenzimmern zu schildern. Sie wollten wissen, ob ihre Maßnahmen greifen. Meine Antwort war eindeutig: Ständig neue Vorgaben und unterschiedliche standardisierte Tests werden die Deutschkenntnisse der Schüler nicht verbessern. Auch ein Ideologiestreit um Noten oder eben keine hat mit besseren Leistungen der Schüler nichts zu tun.

Wir alle wollen Erfolgserlebnisse in unserem Arbeitsumfeld: Lehrer wie Schüler. Und so ist es oft für beide Seiten in hohem Maße frustrierend, wie niedrig das Niveau in manchen Klassen ist. Natürlich fühlt man sich als Lehrer dafür verantwortlich und ist es zum Teil auch. In fast allen Fächern muss der Lehrstoff an die Deutschkenntnisse der Schüler angepasst werden. Viele Unterrichtsmaterialien können nicht verwendet werden. In einigen Klassen ist die Situation schon so dramatisch, dass, wenn man beispielsweise für seine 13-jährigen NMS-Schüler einen geeigneten Film über die Verschmutzung der Meere sucht, diesen nur noch in Kindersendungen wie der „Sendung mit der Maus" findet. Anspruchsvollere Sendungen würden die meisten Schüler sprachlich überfordern. Und wer überfordert ist, stört den Unterricht. Also versuchen viele Lehrer, die Inhalte so anspruchslos wie möglich zu gestalten, damit Aufmerksamkeit und Interesse der Schüler nicht sofort verloren gehen.

Junge Lehrer sind über die mangelnden Deutschkenntnisse und den geringen Wortschatz von immer mehr Schülern schockiert. So passiert es, dass Kinder die jungen Lehrer anfangs überfordern, und zwar aufgrund des unvorstellbar niedrigen Niveaus. Die noch sehr unerfahrenen Pädagogen müssen sich erst daran gewöhnen, wie stark man Texte und Lehrplaninhalte vereinfachen muss. In ganz Österreich, aber vor allem in Wien, berichteten mir Schulleiter, dass viele Junglehrer an diesen Brennpunktschulen bereits nach einigen Jahren hinwerfen. Sie lassen sich entweder versetzen, arbeiten in einem anderen Beruf oder studieren weiter. Meist sind dies ambitionierte und fähige Lehrer, die aber an der Realität einer Brennpunktschule scheitern.

Erschwerend kommt hinzu, dass viele dieser Lehrer, die selbst nie mit Religion zu tun hatten, im Klassenzimmer nun neben den schlechten Leistungen zusätzlich mit einer alles dominierenden Religiosität konfrontiert sind. In ihrer Ausbildung haben sie darüber nicht viel erfahren. Viele wissen daher auch nicht, wie sie mit kulturellen und religiösen Konflikten umgehen sollen.

In ehemaligen Arbeiterbezirken wie Favoriten, aber auch im Industriegebiet Wels, gab es immer Schüler aus sozial schwachen Familien. Elternarbeit gehörte also zum Schulalltag der Lehrer. In den letzten Jahren hat diese Erziehungsarbeit aber immer mehr Raum innerhalb des Lehrberufs eingenommen. Die Versäumnisse innerhalb der Familien müssen wir Lehrer nun auffangen. Gleichzeitig wurden allerdings die Verständigungsprobleme mit den Eltern größer; wobei dies nicht nur an den mangelnden Deutschkenntnissen liegt. Wie soll man Eltern klarmachen, dass der Schwimmunterricht wichtig für ihre Tochter ist? In ihrer Community gelten sie als schlechte Eltern, wenn sie die Mädchen daran teilnehmen lassen. Ein muslimischer Vater, der seiner Tochter verboten hatte, auf eine Geburtstagsfeier einer Mitschülerin zu gehen, erklärte seine Entscheidung so: „Alle werden sagen, du erziehst dein Kind wie eine Österreicherin. Vielleicht isst sie dort Schweinefleisch und trinkt Alkohol." Eigentlich hätte er selbst nichts dagegen, da die Mitschülerin ein nettes Mädchen sei. Doch oft ist der Druck der Community stärker, die Sorge, in seinem Umfeld als „schlechter" – weil zu westlicher – Vater zu gelten, ist groß. Viele Lehrer an Brennpunktschulen sind heute kaum noch Wissensvermittler. Sie müssen Brücken zwischen den einzelnen Kulturen und Religionen bauen. Diese Aufgabe nimmt immer mehr Zeit in Anspruch. Doch wie sehr sich viele Lehrer auch jeden Tag bemühen, oftmals sind die Widersprüche und Konflikte einfach zu extrem. Denn, und das wurde bei vielen Terminen kritisiert: Wir können niemanden zwingen, unsere Angebote anzunehmen. Dabei wäre genau das in vielen Situationen oftmals der einzig richtige Ansatz.

Die Mehrheit der Pädagogen fühlt sich im hohen Maße verantwortlich für ihre Schüler und leistet mehr, als in ihren Verträgen steht. Die Kinder und Jugendlichen liegen ihnen wirklich am Herzen. Das Gefühl von Lehrern, sich um alles kümmern zu müssen, wird auch durch viele Schulleiter erzeugt. Direktoren geben den Druck der Behörde oft nach „unten" weiter. Sobald etwas bei einem Schüler schiefläuft, werden zuerst oft die Lehrer von den Vorgesetzten zur Verantwortung gezogen.

Selbstverständlich müssen die Leistungen der Schüler aufgezeichnet werden. Für Tests und Schularbeiten werden mittlerweile komplizierte Punktesysteme entwickelt. Diese sollen beweisen, wie eine Note zustande kam. Das scheint zurzeit das Wichtigste für die Verantwortlichen unseres Schulsystems zu sein. In der Volksschule schreibt man am besten für jedes Kind einen eigenen Förderplan; als wären damit schon alle Defizite der Schüler behoben. Natürlich funktioniert dies in der Praxis so nicht. Ein Volksschullehrer hat keine Zeit für die individuelle Betreuung der 25 Schüler in seiner Klasse. Aber Papier ist geduldig, und man hat die individuelle Förderung zumindest genau dokumentiert, oft nur zum Schutz gegen spätere Beschwerden von Vorgesetzten oder Eltern. Umgesetzt werden diese Pläne viel zu selten.

Die Kluft zwischen den Anforderungen des Dienstgebers und der Realität lässt Lehrer an ihre Grenzen stoßen. „Ich habe ständig den Eindruck, ich belüge mich und die Kinder. Aber sie wollen es ja so von mir. Also fülle ich diese Papierbögen aus, obwohl ich weiß, dass es nichts ändern wird. Das Kind braucht einfach eine Kleingruppe mit einer Bezugsperson. Was fängt es allein mit dem Förderplan an?"

Natürlich ist die Dokumentation von Leistungen wichtig und notwendig. In den letzten Jahren hat sich allerdings eine wahre Dokumentationswut entwickelt. Alles, ob Lerndefizite oder Verhalten eines Schülers, muss schriftlich festgehalten werden. Schulleiter vermitteln Lehrern, sich rechtfertigen zu müssen, wenn Beschwerden vonseiten der Eltern oder Vorgesetzten kommen. Vor allem bei Verhaltensproblemen von

Schülern nimmt dies seltsame Formen an. So bemerkte eine Lehrerin erst nach einiger Zeit, dass sich eine ihrer Schülerin die Unterarme ritzte. Im Bericht an das Jugendamt sollte sie begründen, warum sie dies erst so spät bemerkte. Die Lehrerin hatte Angst, sie könnte tatsächlich etwas übersehen haben, und bekam ein schlechtes Gewissen. Erst als ich sie fragte, was denn nun vonseiten des Jugendamts passiert sei, fiel ihr auf, dass nicht viel unternommen worden war. Das Mädchen ritzte sich weiterhin, und die angebotenen Therapiestunden wurden von der Familie nicht wahrgenommen. Irgendwann wechselte das Mädchen die Schule. Für die Behörden war der Fall somit erledigt. Für die Lehrerin war er es nicht. Sie erzählte mir von dieser Schülerin, obwohl sie schon seit Jahren keinen Kontakt mehr zu ihr hatte. Das Gefühl, einem Kind, das leidet, nicht helfen zu können, macht uns Lehrer ziemlich ohnmächtig. Dies gilt auch für aggressive Schüler, obwohl man natürlich froh ist, wenn sie an eine andere Schule gehen, weil sich die Situation in der Klasse danach entspannt. Das Problem ist damit natürlich nicht gelöst. Es verschiebt sich nur von einer Schule zur nächsten.

In vielen Gesprächen mit Lehrern in ganz Österreichs stellte ich fest, dass sich alle bewusst waren: Ihre Schule ist kein Einzelfall. Auch wenn man ihnen das vonseiten der Behörde einreden möchte. Schulleiter in Brennpunktschulen sind oft überfordert und stehen unter politischem Druck. Ihre Schule muss in einem guten Licht erscheinen. Sätze wie „In meiner Schule sind zwar viele Schüler mit Migrationshintergrund, aus sozial schwachen Familien, aber wir haben keine Probleme", entsprechen in keiner Brennpunktschule, die ich kenne, der Realität. Wie oft habe ich Leiter getroffen, bei denen ich mich ernsthaft gefragt habe, ob diese aus parteipolitischen Überlegungen nur die Augen verschließen, oder ob sie einfach nur keine Ahnung haben, wie es an ihrer Schule wirklich zugeht. Anders kann man Aussagen wie „Meine Lehrer sind engagiert. Jeder, der behauptet, es gäbe ungelöste Probleme, ist einfach nur demotiviert. Ein guter Lehrer schafft alles", nicht interpretieren. Für die Leiter dieser ideologisch verblendeten Welt steht fest: Wird ein Schüler aggressiv, so hat ihn der Lehrer provoziert. Kulturelle oder religiöse Konflikte gibt es in der Klasse eines „guten" Lehrers nicht.

Nachdem ich alle Bundesländer besucht habe, bin ich überzeugt, dass diese Sichtweise vor allem in Wien herrscht. Das schmerzt mich, da ich mich immer noch mit dem „Roten Wien" verbunden fühle. Die Sozialdemokratie hat sehr viel geleistet, gerade im Bildungssystem. Im letzten Jahrzehnt war die Devise der rot-grünen Stadtregierung allerdings: Eltern können nicht verantwortlich gemacht werden, wenn Kinder und Jugendliche immer schlechter lernen, weniger können und Probleme haben und machen, und schon gar keine Religionsgemeinschaften und Vereine. Die Schule und die Lehrer müssen dies lösen. Wenn sie das nicht schaffen, braucht es zusätzliche Ressourcen.

Auch ich setze mich für mehr Sozialarbeiter und Psychologen an Schulen ein. Doch das wird nicht ausreichen. Gerade in der Wiener Schulpolitik empfinde ich die Vorgangsweise der Behörden: Eltern und ihre Kinder dürfen jede Eigenverantwortung abgeben, der Staat hat für sie zu sorgen. Nur ja keinen Druck ausüben. In den letzten Jahren stellte ich zunehmend fest, dass Wiener Lehrer weder Schüler noch deren Eltern zur Verantwortung ziehen dürfen, selbst wenn es große Probleme gibt. Ich war auch als sogenannte „linke" Lehrerin immer der Meinung, dass Erziehung zur Selbstständigkeit und Eigenverantwortung eine der Hauptaufgaben der Pädagogik ist. Eltern sind in der Regel bereits Erwachsene. Sie beeinflussen ihre Kinder am stärksten. Also ist es nicht abwegig, sie für deren Erziehung verantwortlich zu machen. Eltern dabei Unterstützung anzubieten, steht in keinem Widerspruch dazu. Die Entmündigung von Eltern und Schülern, gerade durch die Wiener Politik der letzten Jahre, erzeugt einen starken Druck auf Pädagogen. Irgendjemand muss letztendlich verantwortlich sein, wenn Leistungen schlechter werden und das Verhalten von Schülern nicht nur in der Schule Probleme macht. Derzeit sollen dies ausschließlich Lehrer lösen.

Für den Dienstgeber lautet das Allheilmittel Prävention. Entsprechend wird jedes Jahr mehr Präventionsarbeit verlangt. Diese leisten viele Schulen bereits. Ich weiß nicht, wie viele Projekte zu allen möglichen Problemen dieser Welt an österreichischen Schulen laufen. Wiener Volksschulen retteten bereits unseren Planeten, als die Klimakrise noch kein so brennendes Thema war. Vor allem Wiener Volksschulen jagen oft von einem Projekt zum nächsten; gerade wenn die Schulleitung parteipolitisch fest verwurzelt ist und noch weitere berufliche Ambitionen hat. In diesem Fall muss man für die Politik liefern. Ein Arbeitskreis hier, ein Projekt dort. Für die Lehrer bedeutet das oft, die eigenen Pläne mit der Klasse zurückzustellen und wochenlang an dem gemeinsamen Schulprojekt zu arbeiten.

Ich habe das Gefühl, dass es bei diesen Projekten eher um schöne Bilder für Medien und Öffentlichkeit geht statt um Initiativen, die sich mit den drängendsten Konflikten in unseren Klassenzimmern beschäftigen. Die Politik schmückt sich im wahrsten Sinne des Wortes mit derartigen Aktionen. Ob diese den Kindern bei der Bewältigung ihrer Probleme helfen, spielt anscheinend keine Rolle. So sammelten Lehrer und Schüler im Rahmen eines Projekts Müll, säuberten diesen und bastelten daraus Weihnachtsschmuck. Daneben wurden interkulturelle Lieder einstudiert. Mit dem Schmuck aus Müll dekorierte man den Weihnachtsbaum vor dem Bezirksamt. Zur Eröffnung gab es eine feierliche Zeremonie mit Gästen aus der hohen Politik. Die Medien waren selbstverständlich auch mit dabei.

Ich möchte nicht missverstanden werden. Umwelterziehung und die Klimakrise sind sehr wichtige Themen, die durchaus bereits in der Volksschule behandelt werden sollten. Doch ein Projekt, bei dem sich am Ende ein Schulleiter profilieren will und ein Bürgermeister vor Weihnachtssternen aus Milchpackungen in die Kamera lächelt, hat keinen pädagogischen Wert. Es ist von den Sorgen, Ängsten und Problemen unserer Schüler meilenweit entfernt. Mit diesem Projekt bleibt man bestenfalls an der Oberfläche. Lehrer haben eigentlich weder Zeit noch Ressourcen, bei Projekten, die letztendlich der Selbstdarstellung dienen, in die Tiefe zu gehen. Hingegen sind Konzepte, die Lehrer mit Schülern und Kollegen erarbeiten, oft großartig, während politisch motivierte Aktionen Lehrer meist unter Stress bringen. Das bedeutet leider, dass sie auch keinen Mehrwert für die Schüler bringen. Im Fall der Weihnachtsbäume aus Müll fanden sich nicht einmal alle Kinder auf den Fotos wieder. Dafür strahlten Politiker und Schulleiterinnen aus den Zeitungen heraus.

MISSBRAUCH, MISSHANDLUNG, MINDESTSICHERUNG

Für ihre Schüler werden Lehrer von Jahr zu Jahr zu immer wichtigeren Bezugspersonen. Sie sind oft die Ersten, denen Kinder und Jugendliche ihre Probleme anvertrauen. Früher hatte man vielleicht fünf Kinder mit auffälligem Verhalten in einer Klasse. Heute sind es manchmal bis zu fünfzehn. Lehrer hören von Misshandlungen, arrangierten Ehen und sexuellem Missbrauch. Dieses Wissen ist erdrückend und wirkt sich sehr belastend aus. Vor allem dann, wenn die betroffenen Schüler die Vorfälle beim Jugendamt abstreiten und verharmlosen. Bereits im Vorfeld kündigen sie an: „Ich erzähle es Ihnen, aber sicher nicht dem Jugendamt. Sonst kommen meine Eltern ins Gefängnis." Mit diesem Wissen müssen viele Lehrer unterrichten. Natürlich fühlen sie sich ohnmächtig. Sie können den betroffenen Kindern und Jugendlichen kaum helfen. Einige werden auf die Behörden wütend, da diese zu zaghaft eingreifen. Andere auf die Politik, da diese die Probleme ignoriert. Trotz der Betreuung durch einen Sozialarbeiter oder Therapeuten bessert sich die familiäre Situation eines Kindes oft kaum.

Was wird aus meinen Schülern? Das ist die Frage, die fast alle Lehrer während der Gespräche stellten. Sie erwarteten keine Antwort von mir. Schüler aus Brennpunktschulen haben oft große Lerndefizite. Sie scheitern in weiterführenden Schulen oder brechen ihre Lehre ab und landen in einem Kurs beim AMS. Berufsschullehrer berichten, dass sehr oft Mädchen die Schule überraschend verließen. Von Mitschülern erfahren die Lehrer nach einiger Zeit, diese seien jetzt verheiratet. Wenn ich an manche meiner Schülerinnen aus den letzten vierten Klassen denke, mache ich mir auch Sorgen. Ich befürchte, sie können sich nicht von ihren Familien emanzipieren und landen so in einer Ehe, bevor sie eine Ausbildung abschließen. Sie alle haben den Traum von einem selbstbestimmten Leben. Auch nach dreißig Dienstjahren tut es weh zu erfahren: „Ach, die hat geheiratet und die Ausbildung abgebrochen."

Als ich eine ehemalige Schülerin, die in diesem Jahr ihre Matura macht, zufällig in der Wiener Innenstadt traf, berichtete sie mir von einigen Mitschülern. Die meisten muslimischen Mädchen seien verheiratet oder verlobt, und auch einige der Burschen hätten die Ausbildung abgebrochen. „Frau Wiesinger, wieso schaffen die das nicht? Meine Eltern sind auch aus der Türkei. Sie können schlecht Deutsch, aber wir machen alle eine Ausbildung." Ich konnte ihr die Frage nicht beantworten, hatte aber plötzlich das dringende Bedürfnis, mich bei ihren Eltern zu bedanken: dafür, dass sie ihren Kindern den Weg zur Bildung ermöglichten. Dafür, dass sie ihre Tochter an Projektwochen teilnehmen ließen und erlaubten, dass sie Fußball spielt. Dafür, dass diese Eltern ihre Kinder unterstützten, auch wenn sie ihnen beim Lernen nicht viel helfen konnten. Mussten sie auch nicht, denn dies haben wir Lehrer erledigt.

Es war großartig zu sehen, wie selbstbewusst meine ehemalige Schülerin auftrat. Sie versicherte mir, dass sie noch gar nicht wisse, ob sie überhaupt heiraten möchte. Wie sollte sie das auch. Das Mädchen ist 18 Jahre alt und wollte gerade einmal mit einer Freundin ausgehen. Diese Schülerin ist mit Sicherheit eines der gern zitierten Positivbeispiele, von denen Politiker erzählen. Leider ist sie aber auch eine ziemliche Ausnahme. Die Freude darüber täuscht mich nicht über eine Tatsache hinweg: Die meisten der Mädchen in jenem Jahrgang konnten diesen Weg nicht einschlagen. Sie durften ihn nicht gehen, da sie von ihrem muslimischen Umfeld daran gehindert wurden.

Was passiert mit jungen Menschen, denen dies verwehrt bleibt? Hier versagt eindeutig der Staat. Die Behörden, Ministerium wie Bildungsdirektionen, bestimmen fast alles in unserem Schulalltag, von der Organisationsform bis zur Notengebung. Müssten jedoch Kinder und Jugendliche vor ihrem Elternhaus oder ihrer Community geschützt werden, endet offensichtlich die Kompetenz und das Interesse des Staates. Hier fühlen sich die Behörden oft nicht mehr zuständig. Sie verschließen die Augen oder behaupten, ihnen seien gesetzlich die Hände gebunden. Auf uns Lehrer wirkt das wie eine Ausrede. Der Eindruck, die Behörden würden sich so gut es geht hinter ihren Paragrafen „verstecken", überwiegt in vielen Lehrerzimmern.

Steht die religiöse Erziehung der Kinder und somit die Religionsfreiheit zur Diskussion, zieht sich der Staat komplett zurück. In diesem Fall benutzen Politiker gern das Argument, man müsse mehr mit den Eltern kommunizieren. Nach dreißig Dienstjahren als Lehrerin und einem Jahr als Ombudsfrau mit unzähligen Lehrergesprächen kann ich dieses Argument absolut nicht nachvollziehen. Wir kommunizieren, soviel und so gut Kulturunterschiede und Sprachdefizite es erlauben. Ich wüsste nicht, was wir noch mehr in diese Richtung machen könnten. Woran es Lehrern mangelt, ist die Unterstützung von Sozialarbeitern, die aus dem Kulturkreis der Eltern kommen und deren Sprache sprechen. Vor allem aber fehlt es an Maßnahmen, um die Eltern zum Einlenken zu bewegen. Zu behaupten, man hätte, gerade in Wien, nicht genug auf Kommunikation mit den muslimischen Communitys gesetzt, entspricht nicht der Realität. Lehrer bieten unzählige Termine an, organisieren Übersetzer, entwickeln Maßnahmen und kommen doch nicht an das gewünschte Ziel. Viele Schüler bleiben auf der Strecke.

Ich frage mich, ob sich einer dieser „Das sind nur Einzelfälle"-Prediger jemals überlegt hat, was es für jeden dieser Einzelfälle bedeutet, von einer Ausbildung ferngehalten zu werden, oder welche Auswirkungen diese kulturell bedingte Bildungsfeindlichkeit auf unsere gesamte Gesellschaft hat. Wenn ich in den Zeitungen von einem Facharbeitermangel lese, denke ich sofort an das ungenutzte Potenzial, das doch in vielen unserer Schüler steckt. Leider bietet unser derzeitiges Schulsystem nicht annähernd den passenden Rahmen, um dieses Potenzial zu erkennen, geschweige denn es zu fördern und auszuschöpfen. Stattdessen kapitulieren wir vor den schlechten Leistungen unserer Schüler, wir beugen uns religiösen Geboten, selbst wenn diese den Kindern ganz offensichtlich schaden. Gleichzeitig täuschen wir uns selbst, indem wir so tun, als würden wir alle uns zur Verfügung stehenden Mittel aufbringen, um die Schüler bestmöglich auf ihre Zukunft in unserer Gesellschaft vorzubereiten. In unseren Klassenzimmern spielt sich tagtäglich eine bildungspolitische Katastrophe ab. Die soziale Sprengkraft dieser jahrelangen eklatanten Fehlentwicklung wird leider nicht erkannt. So produzieren wir, so hart es klingen mag, eine ungebildete Schicht an Mindestsicherungsempfängern. Wir nehmen in Kauf, dass junge Menschen, obwohl sie in Österreich geboren wurden, oft nur schlecht ausgebildet sind. Heiraten sie früh und bekommen selbst Kinder, setzt sich der Kreislauf fort.

Während des Berufskundeunterrichts meinte eine Schülerin sehr nachdenklich: „Ich kenne eigentlich niemanden in meiner Familie, der arbeitet." Sie hat sieben Geschwister, zwei Brüder sind erwachsen. Die älteste Schwester ist bereits verheiratet, hat selbst zwei Kinder. Auch dieses Mädchen ist eine der vielen Schülerinnen, um deren Zukunft wir uns Sorgen machen sollten.

Schüler wachsen in der Gewissheit auf, dass der Staat sie versorgen wird. Ein elfjähriger Bub rechnete mir einmal genau vor, wie viel Geld seine Eltern, beide ohne Arbeit und Ausbildung, mit Familienbeihilfe, Mindestsicherung, Wohnbeihilfe und dem einen oder anderen kleinen Job im Monat so bekommen. Ein neues Handy geht sich dabei immer noch aus. Warum sollte man sich also anstrengen? Es geht schließlich auch ohne. Ich verurteile diese Menschen nicht, möchte aber aufzeigen, mit welcher Realität viele Jugendliche groß werden. Und warum die Eltern über Erfolg und Misserfolg ihrer Kinder entscheiden.

WENN ELTERN ZUM PROBLEM WERDEN

Damit ein Kind Erfolg in der Schule hat, braucht es die Eltern. Ohne deren Unterstützung sind Bildungserfolge in unserem System oft unmöglich. Bei Schülern mit Migrationshintergrund, die oft auch erhebliche Sprachdefizite haben, kommt den Eltern eine noch bedeutendere Rolle zu. Dabei ist es noch nicht einmal zwingend notwendig, dass die Eltern perfekt Deutsch sprechen oder ihren Kindern bei der Hausübung helfen können. Dieses Glück haben nur wenige Schüler an Brennpunktschulen.

Doch egal wie gebildet die Eltern sind, sie müssen ihre Kinder unterstützen, alle verfügbaren Angebote von Lehrern und Sozialarbeitern anzunehmen. Leider ist das in vielen Familien keine Selbstverständlichkeit. Die Abhängigkeit von den Eltern frustriert viele Lehrer. Sie können sich noch so sehr bemühen, wenn keinerlei Mitarbeit aus der Familie kommt, bleiben die Schüler, die schlecht Deutsch sprechen und sehr religiös sind, oft auf der Strecke.

Der Einwand, dass Eltern doch eigentlich immer das Beste für ihre Kinder wollen, mag stimmen. Doch das, was sie für das Beste halten, ist in unseren Augen manchmal genau das Schlechteste. Besonders auffällig ist das bei muslimischen Schülern. Den Vorstellungen der Familie zu entsprechen, ist für die meisten dieser Kinder das Allerwichtigste in ihrem

Leben. Alles andere muss sich diesem Gebot unterordnen. Und dazu gehört leider auch die Bildung. Wenn den Eltern bestimmte Unterrichtsinhalte oder soziale Aktivitäten aus religiösen Gründen nicht passen, dann haben die Kinder das zu akzeptieren. So nehmen viele Kinder kaum am vielfältigen Leben in Österreich teil. Stattdessen verstärkt sich die gesellschaftliche Segregation. Man bleibt lieber in seinem Bezirk unter sich.

Die Ablehnung beginnt beim Theaterbesuch. Dieser wird aus Sorge, die Kinder könnten Dinge sehen, die nach ihrem Religionsverständnis harām, also verboten, sind, boykottiert. Der negative Einfluss der Eltern geht teilweise so weit, dass Inhalte, die beispielsweise im Biologieunterricht gelehrt werden, als Bedrohung für den eigenen Lebensstil empfunden werden. Es wird den Kindern verboten, sich damit zu beschäftigen oder es zu glauben. Dadurch bremst man das Interesse der Kinder an Lerninhalten. Dass die Religion mehr Einfluss als der sozioökonomische Hintergrund hat, wird deutlich, wenn man Schüler aus Rumänien oder Bulgarien, die auch aus bildungsfernen Schichten stammen, sieht. Denn mit diesen funktioniert die Arbeit in den Schulen, bei allen Problemen und Konflikten, deutlich besser. Der Grund liegt auf der Hand: Sie sind einfach nicht so religiös. Dass der Bildungserfolg der Kinder so sehr vom Engagement, von Einstellung und Prägung der Eltern abhängt, ist Ausdruck eines Systemversagens. Seit Jahrzehnten predigen Politiker in Sonntagsreden die Bedeutung von Bildung. Doch noch immer hängt fast alles vom Elternhaus ab. Dass Kinder aus bildungsfernen

Schichten mit Migrationshintergrund in unserem Schulsystem sehr oft zu den großen Verlierern zählen, ist leider die Regel und nicht die Ausnahme.

Die Lösung für dieses Problem ist aber nicht die flächendeckende Einführung der Ganztagsschule. So einfach ist es nicht. Denn selbst wenn wir dieses Modell verpflichtend etablierten, bliebe die Bedeutung der Eltern bestehen. Sie werden immer mehr Einfluss auf ihre Kinder haben als Schule und Lehrer. Auf ihr Denken, auf ihr Verhalten. Das ist in einer liberalen Gesellschaft natürlich auch wünschenswert. Wenn dieser erzieherische Freiraum allerdings zur Folge hat, dass den Kindern ihre Zukunft genommen wird, dann ist es höchste Zeit umzudenken und gegenzusteuern. Kinder wollen immer ihren Eltern entsprechen. Deshalb liegt der Schlüssel für den Erfolg bei den Eltern. Wir müssen sie stärker in die Pflicht nehmen, sie bei Fehlentwicklungen zur Verantwortung ziehen. Das ist unsere einzige Chance.

Wir müssen bereit sein durchzugreifen. Bildungsverweigerung muss vom Staat sanktioniert werden. Es braucht klare Regeln, wo diese Bildungsverweigerung beginnt und wie darauf zu reagieren ist. In den Ohren vieler Linker mag diese Forderung unerhört klingen. In den Augen vieler Lehrer – von Tirol bis Wien – ist es eine unbedingt notwendige Reaktion auf die Veränderungen an unseren Schulen. Es wird Zeit für eine konsequente Kurskorrektur im Umgang mit bildungsfeindlichen Eltern. Zu lange schon schauen wir tatenlos zu, wie das Niveau sinkt, und mit ihm die Zukunftschancen zehntausender Kinder und Jugendlicher.

Wir fördern zu viel und fordern zu wenig. Und sehr oft fördern wir auch falsch. Statt Schüler bei Bedarf zur Teilnahme zu verpflichten, ist in Wien alles immer nur freiwillig. Ob 2.0 Wienförderung (Gratisnachhilfe für Schüler bis 14 Jahre), Leseförderung, Sprachunterricht oder Deutschförderung: Wir stecken große finanzielle und personelle Ressourcen hinein, obwohl nur wenige Kinder diese Förderung in Anspruch nehmen. Und niemand fordert ein, dass betroffene Schüler auch tatsächlich dorthin gehen.

Gleichzeitig beschweren sich fast alle sozialdemokratischen Bildungspolitiker tagein, tagaus über mangelnde finanzielle Mittel. Es ist wirklich absurd. Dass diese Hilfen nur äußerst selten freiwillig angenommen werden, haben wir jetzt über Jahre gesehen. Es ist auch eine Frage der Wertschätzung: Wird etwas freiwillig und gratis angeboten, ist es in den Augen vieler nichts wert. Es ist höchste Zeit für ein verpflichtendes Fördersystem mit Sanktionsmöglichkeiten. Natürlich soll es weiterhin kostenlos sein, dafür aber obligatorisch. Obwohl dieser Kurswechsel so dringend ist, bin ich äußerst skeptisch, ob er jemals stattfinden wird.

Bei der überwiegenden Mehrheit meiner Gespräche wurde mehr Zwang und Handhabe gegenüber Schülern und ihren oft bildungsfeindlichen Eltern gefordert. Oft fielen Aussagen wie „Diese Schüler müssen wir verpflichten. Es kann so nicht weitergehen. Die tanzen uns mit ihren Eltern auf der Nase herum. So schmeißen wir das Geld für die Förderungen zum Fenster hinaus."

Trotzdem werden sich die Sozialdemokraten wohl niemals

dieser in ihren Augen rechten Position anschließen. Diese Forderung ist unvereinbar mit ihrer ideologischen Grundhaltung. Dabei gibt es sehr viele rote Direktoren, die mir in dieser Frage uneingeschränkt zustimmen. Sie wissen genau, warum dieser Schritt mehr als überfällig wäre. Selbst in Wien ist der Wunsch nach umfassenderen Sanktionsmöglichkeiten keine Minderheitsmeinung mehr. Sehr viele würden eine Änderung in diese Richtung begrüßen. Zugeben würden sie es aber nur hinter vorgehaltener Hand. Sie sind viel zu vorsichtig und parteipolitisch zu loyal. Schließlich war und ist die Forderung nach mehr Sanktionen eine politische Position des Gegners, und diese muss abgelehnt und bekämpft werden, koste es, was es wolle. Auch in dieser Frage steht nicht der Bildungserfolg der Kinder im Mittelpunkt der Auseinandersetzung, sondern die ideologische Abgrenzung zur politischen Konkurrenz.

Es ist diese sozialdemokratische Schizophrenie, die mich seit Jahren verzweifeln lässt. Wenn ich mit befreundeten Schulleitern oder Lehrern rede, besprechen wir all diese Themen ganz offen. Doch am Schluss kommt dann immer die Frage: „Aber du willst doch auch nicht, dass die FPÖ in Wien den Bürgermeister stellt? Willst du das wirklich, Susi?"

Natürlich möchte ich das nicht, und das wissen sie. Doch man schreckt davor zurück, diese Probleme öffentlich zu benennen und etwas dagegen zu unternehmen. Obwohl man weiß, es wäre dringend notwendig und richtig. Schließlich könnte es den politischen Gegnern, ÖVP und FPÖ, helfen. Stattdessen bleiben die Linken lieber passiv und schauen zu, während die Situation in den Klassenzimmern zunehmend außer Kontrolle gerät, die Leistungen immer schlechter werden und die Konflikte immer intensiver. Diese selbstverschuldete Ohnmacht ist der Grund, warum viele auch so gereizt reagieren, wenn ich in diesen „Wunden" herumbohre. Denn im Gespräch mit mir wird ihnen oft ihre parteipolitische Gefangenheit erst richtig bewusst.

Mit vielen Eltern gibt es prinzipiell zwei Probleme: Die einen kommen einfach gar nicht zu vereinbarten Terminen in die Schule, zeigen null Interesse, ignorieren alles. Die anderen sind zwar anwesend, doch sie sprechen so schlecht Deutsch, dass ein echter Austausch nicht möglich ist. Der Kontakt zwischen Eltern und Lehrern ist wichtig. Ohne regelmäßige Gespräche über die schulische und persönliche Entwicklung der Kinder verschlimmern sich die Probleme der Schüler oft. Ohne die Hilfe und Bereitschaft der Eltern kommen wir Lehrer bei vielen Konflikten mit Schülern nicht weiter. Leider scheitern diese Bemühungen vielfach an der Sprachbarriere. Über das Kommunikationsdefizit zwischen Lehrern und Eltern haben alle geklagt, von Vorarlberg bis Wien. Es zeigt, wie dringend Übersetzer gebraucht werden. Sie fehlen an allen Brennpunktschulen. Um überhaupt einen Austausch zu ermöglichen, werden wichtige schulische Angelegenheiten, die oft auch sehr privat und vertraulich sind, mit einem großen Bruder oder einer großen Schwester besprochen, die meist selbst nur gebrochen Deutsch können. Das darf in einem so teuren Schulsystem wie unserem nicht sein. Es ist aber leider kein Einzelfall, sondern wird an immer mehr Schulen in Österreich zum Normalfall. Entsprechend verzweifelt und frustriert sind viele Lehrer. „Wir müssen irgendwen haben, der Zugang zu den Eltern hat, sonst verlieren wir immer mehr Kinder. Wir kommen nicht zu ihnen durch, und oft auch nicht zu ihren Eltern. Es ist, als ob sich niemand außer uns für die Probleme dieser Kinder interessiert."

Zur sprachlichen Hürde kommt die kulturelle Barriere. Die Kombination aus beidem bringt viele Lehrer und mit ihnen die Schulen an den Rand des Zusammenbruchs. Es braucht daher nicht nur Dolmetscher, sondern auch Kulturvermittler: jemanden, der mit den religiösen und kulturellen Geboten und Verboten der Eltern vertraut ist. Möglicherweise gelingt es dann besser, den Eltern die Bedeutung von Bildung überzeugend und nachhaltig zu erklären. Wir Lehrer haben dafür oft nicht die Zeit, und wir stoßen auf kulturelle und religiöse Mauern, die wir nicht durchbrechen können. Selbst in der dritten Generation muslimischer Einwanderer bestehen oft noch immer Bedenken gegenüber „unserem" westlichen Schulsystem. Dabei haben viele Eltern meist selbst bereits österreichische Schulen besucht. Trotzdem ist die Angst, wir würden ihre Kinder mit unserem Unterricht und unseren Aktivitäten von ihnen entfernen, noch immer groß.

Hier zeigt sich der Unterschied zu Schülern und Eltern aus dem ehemaligen Jugoslawien. Natürlich gab es mit diesen Kindern ebenfalls zahlreiche Auseinandersetzungen und Konflikte. Aber der Austausch mit den Eltern hat einfach besser funktioniert. Es gab weniger Mauern und Ablehnung. Ich glaube, dafür gibt es drei Gründe: Erstens konnten sie besser Deutsch. Zweitens waren sie vertrauter mit unserem Bildungsangebot. Drittens waren sie weniger religiös und hielten unseren Lebensstil nicht für verdorben und verwerflich.

Die Erklärungen der Lehrer für die zunehmend negative Entwicklung vieler Schüler ähnelten sich in allen meinen Gesprächen: Leben in einer Parallelgesellschaft ohne Kontakt zu Österreichern, Ablehnung des westlichen Lebensstils, Religiosität, patriarchale Strukturen, Einfluss der Kulturverbände und Moscheen. Viele sahen besonders die Gebetshäuser als Hindernis für die Integration der Kinder. Sie waren überzeugt: Je näher sich eine Moschee im Umfeld einer Schule befindet, desto größer sind die Konflikte und Probleme in den Klassenzimmern. Eine Lehrerin erzählte mir, wie viel sich in ihrer Schule plötzlich änderte, nachdem eine Moschee in der Nähe ihrer Schule geschlossen wurde. Die Kinder wirkten ausgeglichener, waren weniger aggressiv, offener und deutlich kommunikativer. Auch die von der Schule organisierten Ausflüge wurden besser angenommen. Die Mädchen kamen wieder zum Sportunterricht. Und immer weniger Schülerinnen trugen ihren Hijab.

Natürlich lässt sich darüber streiten, ob diese Verbesserungen ausschließlich auf die Schließung der Moschee zurückzuführen sind. Dass Moscheen einen Einfluss auf die Schüler haben, steht aber fest. Und dieser ist in den Augen vieler Lehrer eher negativ. Keine einzige Lehrkraft in ganz Österreich, mit der ich gesprochen habe, konnte einen positiven Beitrag der Moscheen auf den Lernerfolg oder die Integration der Kinder erkennen. Überall, wo es eine große muslimische Community gibt, ähneln sich die Probleme und die Geschichten der Lehrer, ob in Innsbruck, Telfs oder Wien-Favoriten. Sehr viele berichteten mir von „Heiratsmärkten", wie sie es nannten, auf denen die Kinder in den Moscheen an ihre zukünftigen Ehepartner vermittelt werden; ob sie wollen oder nicht. Die Eltern entscheiden. Die Kinder gehorchen. Und wir Lehrer müssen machtlos zuschauen. Wer es dennoch versucht, bekommt Probleme mit der Schulaufsicht.

Eine Wiener Lehrerin wandte sich in meiner Zeit als Ombudsfrau an mich. Zu jenem Zeitpunkt hatte sie bereits gekündigt, da sie in ihrer Arbeit unter Druck geraten war. Sie hatte sich um drei muslimische Mädchen gekümmert, die von ihren Familien verheiratet werden sollten. Die Mädchen wären durch diese Zwangsheirat auch an einer weiteren Schullaufbahn gehindert worden. Mit Einverständnis der Schülerinnen nahm die Lehrerin Kontakt zu den Eltern der Mädchen auf. Sie informierte auch das zuständige Jugendamt. Im schwerwiegendsten Fall wollte sie das Mädchen in einer Wohngemeinschaft unterbringen. Nachdem sie die Eltern besucht und mit dem Mädchen bei einer Beratungsstelle gewesen war, wurde sie zu einem Termin mit der damals zuständigen Schulinspektorin eingeladen. Dort erklärte man ihr, dass sie keine Elternarbeit erledigen dürfe. Auch sollte sie Jugendliche nicht zu Beratungsstellen begleiten. Sie hätte nur eine Lehrerdienststelle. Diese würde sie nicht berechtigen, die Arbeit einer Sozialarbeiterin zu machen. Für sie gelte das Dienstrecht der Lehrer. Sie hätte nur das Jugendamt zu informieren und Gespräche an der Schule zu führen. Sozialarbeiter des Jugendamts nahmen zwar Kontakt zu den Eltern auf, ließen die Sache jedoch bald ruhen. Die Lehrerin sollte daraufhin innerhalb Wiens versetzt werden. Sie kündigte und arbeitet nun in einem anderen Bundesland. Was aus den Mädchen geworden ist, weiß sie nicht.

Warum schauen wir bei diesen Vorfällen immer wieder weg? Warum schrecken die Behörden vor diesen Konflikten mit den Eltern zurück? Und wie erklären wir diesen zwangsverheirateten Mädchen, dass wir leider nichts für sie tun konnten?

Am Rande eines Schulbesuchs warnte mich ein kritischer islamischer Religionslehrer, wie sehr wir diese Entwicklung in und um die Moscheen unterschätzen und verharmlosen. „Ich weiß, was in diesen Moscheen passiert, was dort gepredigt und vermittelt wird. Der Staat muss da eingreifen. Ihr Lehrer werdet es nicht schaffen. Ihr seid machtlos." Er bestätigte mir, dass die Kinder dort aufgefordert würden zu kontrollieren, ob ihre muslimischen Mitschüler Schweinefleisch essen, ob die Mädchen ein Kopftuch tragen, oder ob andere religiöse islamische Gebote verletzt werden. Genau darüber müssten die Lehrer sehr kritisch mit den Eltern sprechen. Doch viele scheuen mittlerweile davor zurück, zu oft wurden sie in einer Auseinandersetzung von ihren Vorgesetzen im Stich gelassen. Ich habe diese Gespräche mit den Eltern während meiner Zeit als Lehrerin häufig gesucht. Leider oft ohne Konsequenz. Ich teilte den Eltern mit, dass ich merkte, wie verwirrt ihr Kind durch den regelmäßigen Moscheebesuch ist. Wie sehr der Arabischunterricht die Kinder verunsichere. Wie sehr sie die gepredigten Gebote und Verbote in ein Dilemma stürzen, da sie nicht wüssten, nach welchen Regeln sie leben und entscheiden sollten. Denn in der Schule gelten oft andere Vorschriften. Diese Kinder sind zerrissen und leben in einem permanenten Widerspruch. Im besten Fall hörten mir die Eltern zu, meist brachen sie allerdings das Gespräch ab, sobald ich diese Kritik auch nur vorsichtig äußerte.

ANPASSUNG UND UNTERWERFUNG

Erstmals seit mehr als dreißig Jahren habe ich das vergangene Jahr nicht im Klassenzimmer, sondern überwiegend im Ministerium und in Besprechungszimmern mit Lehrern und Leitern verbracht. Dadurch konnte ich etwas Abstand gewinnen. Ich war gewissermaßen eine Beobachterin von außen. Dabei ist mir aufgefallen, wie sehr sich Lehrer an den Wahnsinn des Schulalltags anpassen. Welche Formen diese Anpassung annehmen kann, zeigt die Erzählung einer Lehrkraft: „Es passiert mir schon, dass ich muslimische Schüler, die im Ramadan essen, frage: ‚Sag mal, warum fastest du nicht?'. Es ist schon alles so normal für uns. Ich hinterfrage das kaum noch. Ist das nicht absurd?" Vor allem die Burschen kontrollieren dies in ihrer Klasse genau. Es kommt regelmäßig zu Streitereien und Vorwürfen. Indem sie ihre muslimischen Schüler an das Fasten im Ramadan erinnerte, wollte sie Ruhe in die Klasse bringen. Als sie ihre Vorgehensweise hinterfragte, sei sie über sich selbst erschrocken. Andere Lehrer meinten, Katholiken hätten früher doch auch ihre strengen religiösen Regeln eingehalten. Heute achtet selbst in einem Tiroler Dorf niemand mehr darauf, ob der Nachbar in der Fastenzeit Fleisch isst oder nicht. Das würde sich hoffentlich auch bei Muslimen irgendwann ändern. Den meisten Lehrern ist allerdings bewusst: Die Religion nimmt in den Schulen nicht ab, sie gewinnt vor allem unter Muslimen immer mehr an Einfluss.

Je länger und intensiver Lehrer mit Veränderungen in der Schule konfrontiert sind, desto stärker gewöhnen sie sich an die neue Situation. Viele empfinden den Kulturkampf, der tagtäglich in hunderten Klassenzimmern Österreichs stattfindet, mittlerweile als normal. Doch genau das dürfen wir nicht. Etwas normal zu finden, obwohl es das nicht ist, ist der erste Schritt zur Kapitulation. Diese Entwicklungen dürfen wir nicht akzeptieren. Leider unterschätzen viele noch immer die gewaltige kulturelle und soziale Sprengkraft dieser Veränderung.

Lehrer an Brennpunktschulen sind sehr stark mit dem Alltagsleben ihrer Schüler verbunden. Ich war genauso. Und ich merke es auch bei den Lehrern, mit denen ich im vergangenen Jahr geredet habe. Vielen wird oft erst im Austausch mit anderen bewusst, wie sehr sie sich kulturell angepasst haben. Auch wenn viele das Wort „Unterwerfung" aus ideologischen Gründen ablehnen, weil sie es zu sehr an einen Kampf zwischen „Gut" und „Böse" erinnert, so muss ich leider sagen: Wir unterwerfen uns. Denn so, wie wir auf viele Vorfälle in unseren Schulen reagieren, lässt sich unser Verhalten nicht beschönigen oder verschleiern. Wir sollten es beim Namen nennen. Auch, um uns darüber im Klaren zu sein, was passiert.

Lehrer und Leiter stehen bei vielen religiösen Konflikten vor der Wahl zwischen Widerstand oder Unterwerfung und vor der Frage: Was hilft meinen Schülern am Ende mehr? Kaum ein Fall zeigt dieses Dilemma auf so erschreckende Weise wie die Geschichte von vier tschetschenischen Mädchen an einer Modeschule in Wien. Die Schülerinnen waren alle sehr ehrgeizig und fleißig. Die Ausbildung beinhaltete auch regelmäßige Arbeiten an der Nähmaschine. Dafür mussten sie ihr Kopftuch stets ein wenig lockern. Ihre „Ehemänner" – zumindest nach islamischem Recht, denn diese Mädchen waren alle noch unter 18 Jahre alt und durften eigentlich noch nicht verheiratet sein – erfuhren davon und waren aufgebracht. Schließlich könnten nun fremde Männer durchs Fenster „ihre" unverhüllten Frauen beobachten. In der Klasse sind ansonsten nur Frauen. Empört erschienen die Männer eines Tages in Begleitung ihrer Frauen im Unterricht. Jedes Mal wurden sie gebeten, das Schulgelände unverzüglich zu verlassen. Über mehrere Wochen ging das so. Eines Tages weigerten sie sich jedoch. Sie randalierten, bis die Polizei kam. Die Schule verhängte ein Hausverbot. Damit war die Sache für die Tschetschenen aber noch nicht erledigt. Die Lehrerin erfuhr durch Mitschülerinnen, dass die tschetschenischen Mädchen unter diesen Bedingungen von ihren Männern keine Erlaubnis mehr hatten, den Unterricht weiter zu besuchen. Sie blieben der Modeschule fern. Es hätte das Ende ihrer Ausbildung bedeutet. Das wollten ihre Mitschülerinnen aber nicht zulassen. Die Klasse „arrangierte" sich mit den Befindlichkeiten der tschetschenischen Männer. Man ließ die Jalousien herunter und verdunkelte das Klassenzimmer, damit kein vorbeikommender Mann mehr eine unbedeckte Hautstelle der Tschetscheninnen von außen hätte sehen können. Seither sitzt die gesamte Klasse in einem verdunkelten Raum. Die Erklärung der Lehrerin war einfach: „Wissen Sie, sonst verschwinden diese muslimischen Mädchen einfach. Von einem Tag auf den anderen sind sie weg. Brechen die Schule einfach ab. Ohne Abschluss, ohne Zukunft." Die Lehrerin erzählte mir diese Geschichte unaufgeregt und pragmatisch. Für sie war es nichts Besonderes. Für mich ist es ein Paradebeispiel einer Unterwerfung. Doch was hätte die Lehrerin anders machen können? Sie hatte die Wahl: Gibt sie dem Verlangen der muslimischen Männer nach, oder verbaut sie den Mädchen die Zukunft? Dass sie sich für Ersteres entschieden hat, ist für die Schülerinnen ohne Frage die bessere Wahl. Doch welches Signal sendet es an die muslimische Gemeinschaft? Es verfestigt patriarchale Strukturen, denn wir lassen es zu, dass diese Männer mit ihrer frauenfeindlichen Haltung „gewinnen".

Mir wurde oft vorgeworfen, mit meiner Kritik des islamischen Einflusses in unseren Schulen zu polarisieren. Dass ich mit diesen Unterwerfungsszenarien übertriebene Panikmache betreibe, mit der Rechte Stimmung gegen Muslime machten. Vielmehr, so der Einwand vieler Linker, würde doch mit allen ein konstruktiver Dialog auf Augenhöhe stattfinden. Was ich im vergangenen Jahr an vielen Brennpunktschulen in Österreich erlebte, hat mit Augenhöhe jedoch nichts mehr zu tun. Fast jede Lehrerin schilderte mir Fälle religiöser Unterwerfung. Die Verdunkelung des Klassenzimmers – aus Angst, fremde Männer könnten einige unbedeckte Hautstellen bei muslimischen Frauen entdecken – ist natürlich ein extremes Beispiel.

Sorgen bereiten mir aber vor allem die unzähligen „kleinen" Vorfälle, an die sich fast alle schon gewöhnt haben, und über die kaum noch jemand spricht. Gerade gegen diese sollten wir uns mit aller Kraft wehren. Denn sie ebnen dieser schleichenden Veränderung und Anpassung an die islamischen Gebote und Verbote den Weg. Wären wir ehrlich, müssten wir zugeben, dass wir uns eigentlich dauernd unterwerfen.

Die Liste der Beispiele ist lang: Ein somalisches Mädchen steht in einem selbstgehäkelten Burkini im Babybecken, nur damit sie eine Schulnote bekommen kann, irgendeine Note, weil sie anwesend war. Wir akzeptieren das. Wir brechen Wanderungen ab, weil muslimische Kinder Probleme mit dem Gipfelkreuz haben. Wir verzichten auf Sexualkundeunterricht, weil es sonst Tumulte im Klassenzimmer geben würde. Wir fahren nicht mehr Ski, weil die Mädchen glauben, ihr Jungfernhäutchen würde dabei reißen. Das ist irre. Und es ist traurig. In allen Bundesländern entscheiden Religion, Kultur und Migration darüber, ob ein normaler Unterricht möglich ist. Probleme mit verhaltensauffälligen Kindern aus sozial schwachen Schichten gibt es überall, egal welchen religiösen Hintergrund diese haben. Doch diese erwähnten kulturellen Schwierigkeiten gibt es nur mit muslimischen Schülern. Auch wenn es niemand hören, geschweige denn wahrhaben möchte. Klar ist aber auch: Erst wenn wir uns mit dieser religiös bedingten Unterwerfung auseinandersetzen, sie verstehen und ernst nehmen, erst dann können wir überhaupt darüber reden, wie wir gegensteuern können.

OHNE SANKTIONEN GEHT ES NICHT

Es fehlt an Möglichkeiten, Fehlverhalten zu sanktionieren. Darüber waren sich fast alle Lehrer und Leiter, mit denen ich gesprochen habe, einig. Es reicht nicht, Maßnahmen anzudrohen. Wenn man wirklich etwas verändern will, müssen auf die Worte auch Taten folgen. Ob Schüler dem Unterricht unentschuldigt fernbleiben, andere mobben, religiös unter Druck setzen, aggressiv oder gewalttätig sind – Lehrer brauchen ein Bündel an Sanktionsmöglichkeiten. Vor allem im Umgang mit den Eltern wünschten sich nahezu alle Pädagogen deutlich mehr Handhabe.

Sehr häufig wurde der Wunsch geäußert, die Familienbeihilfe zu kürzen, sollten elterliche Erziehungspflichten wiederholt vernachlässigt werden. Natürlich möchte niemand diese Zahlungen sofort komplett streichen. Kein Lehrer fordert so etwas leichtfertig oder um parteipolitisch daraus Kapital zu schlagen. Sie tun es, weil sie keine andere Möglichkeit mehr sehen. Die Begründungen der Pädagogen ähnelten einander. „Das Geld wird heute als zu selbstverständlich angesehen." Der Staat könne für diese Zahlungen eine Gegenleistung erwarten, und zwar dass die Eltern ihren Erziehungspflichten nachkommen.

Mit Erziehungspflichten ist gemeint: Gesprächstermine mit Lehrern wahrnehmen, die Kinder auf die von Schulen

organisierten Ausflüge schicken, Schulschwänzen verhindern, Bildungs- und Förderangebote annehmen. Wenn diese Verantwortung vernachlässigt werde, müssten die Lehrer
Maßnahmen ergreifen können, um die Eltern in die Pflicht zu
nehmen. Derzeit können sie nur an die Eltern appellieren und
auf Verständnis hoffen. Meist ohne Erfolg.

Viele Linke lehnen finanzielle Sanktionen aus prinzipiel-
len Gründen ab. Ich habe das nie verstanden. Was ist das für
eine Haltung, wenn man möchte, dass sich der Staat um die
ganze Erziehung kümmert, um die Bildung, und Papa und
Mama stellen wir mit Kindergeld und Sozialhilfe ruhig? Die
Linken verkennen, wie wichtig die Mitarbeit der Eltern für die
Entwicklung der Kinder ist. An dieser parteipolitischen Linie
verzweifle ich seit Jahren. Und was sollen wir machen, wenn
seitens der Eltern keinerlei Interesse an der schulischen Entwicklung des Kindes besteht? Oder schlimmer noch, wenn
Unterrichtsinhalte abgelehnt und Förderangebote boykottiert werden? Die oft gegebene Empfehlung an Lehrer, die vor
diesen Fragen stehen, das Gespräch mit den Eltern zu suchen,
ist naiv und realitätsfern.

Ich habe mich immer in linken Kreisen, sozialdemokratischen Kreisen, früher sogar kommunistischen Kreisen
bewegt, und es war ganz klar, dass Eltern eine Verpflichtung
gegenüber der Gesellschaft haben. Momentan findet eine Ab-
fütterung nach dem Motto „So, da hast du, sei ruhig" statt. Ich
bin der Meinung, es sollten so viele Menschen wie möglich an
dieser Gesellschaft teilhaben. Und zwar nicht ausschließlich

als Empfänger staatlicher Alimente, sondern als produktive Mitglieder.

Genau hier kommen wir Lehrer ins Spiel. Wir bilden die nachfolgenden Generationen aus, bereiten sie bestmöglich auf die Herausforderungen in unserer Gesellschaft vor. Das sollten wir zumindest tun, das wäre unsere Aufgabe. Wir bereiten die Jugendlichen auf ein Wirtschaftssystem vor, in dem man sich bemühen und anstrengen muss, um ein selbstständiges Leben führen zu können. Mit dieser Einstellung gilt man bei vielen Linken als neoliberal, manchmal sogar als rechts. Für mich ist diese Einordnung nicht nachvollziehbar. In meinen Augen ist das ein ultralinker Ansatz. Statt Pflichten einzufordern und, wenn nötig, bildungsfeindliches Verhalten zu sanktionieren, akzeptieren wir ein System, das viele Schüler einzig und allein mit der Perspektive „Mindestsicherung" verlassen.

Die Verantwortung der Eltern endet für mich auch nicht bei den Lerninhalten. Schule ist mehr als Kompetenz- und Wissensvermittlung. Es geht um Neugier, andere Blickwinkel und auch um gemeinsame Aktivitäten. Letztere sind fast unmöglich geworden, wie mir unter anderem Tiroler Lehrer erzählten.

Viele Lehrer fragen sich, warum sie gerade an diesen Tagen immer krank sein müssen, obwohl sie sich im Vorfeld über diese Ausflüge sehr gefreut hatten. Dass die Kinder diesen Aktivitäten nicht freiwillig fernbleiben, wissen alle. Viele muslimische Eltern verwehren ihren Kindern durch diese Verbote die Teilhabe am Leben in Österreich. Denn besonders bei gemeinsamen sportlichen Aktivitäten außerhalb des Klassenzimmers entwickeln Kinder und Jugendliche oft ein Zugehörigkeitsgefühl. Würde es mehr Sanktionsmöglichkeiten geben, müssten Lehrer sich nicht einfach damit abfinden. Sehr gern würden viele auch jene Ärzte intensiver kontrollieren, die offenbar grundlos Krankmeldungen ausstellen. Besonders oft, wenn in der Schule Sportveranstaltungen stattfinden. Und besonders oft für Mädchen.

Nach einer Veranstaltung sprach ich mit einem islamischen Religionslehrer über dieses Thema. Er kam zu mir und regte sich irrsinnig darüber auf, dass muslimische Schülerinnen Ausflüge, Schwimmunterricht, Skitage und Sportunterricht verweigerten. Den Grund nannte er mir ebenfalls: „In den Moscheen wird verbreitet, dass beim Sport das Jungfernhäutchen verletzt wird." Dieses „Argument" kannte ich bereits aus zahlreichen Gesprächen mit muslimischen Schülerinnen. Von einem Islamlehrer hatte ich es aber noch nie persönlich bestätigt bekommen. Seine Versuche, mit Informationsveranstaltungen in den Schulen für Aufklärung zu sorgen und die Verbreitung dieser Märchen zu stoppen, wurden auf Druck der Islamischen Glaubensgemeinschaft unterbunden. Selten zuvor habe ich einen so liberalen und kritischen Islamlehrer kennengelernt, der so offen die Probleme mit Muslimen thematisierte. Er bewunderte mein Engagement, war aber der Meinung, dass das alles nichts brächte, wenn man nicht die islamischen Strukturen aufbrechen würde. „In Österreich wird sich nur etwas ändern, wenn man die Moscheen umfassend kontrolliert und bei den kleinsten Verstößen sofort schließt. Tun wir das nicht, bleibt uns nichts anderes übrig, als dabei zuzusehen, wie wir immer mehr Kinder verlieren." Er hatte mit allen Punkten recht. Es ist in einem demokratischen Rechtsstaat nur schwer umsetzbar.

EXPERTEN, TECHNOKRATEN, BÜROKRATEN

Politikern, unabhängig von ihrer jeweiligen Ausrichtung, fehlt der Mut, sich den Problemen und Herausforderungen in den Schulen zu stellen. Sie kapitulieren vor dem System, das sie über Jahrzehnte mitgeschaffen haben. Viele ihrer Leute profitieren auch, denn sie sind in diesem System auf lukrativen Posten untergebracht und versorgt. In Österreich versorgt jeder irgendwen, das Bildungsministerium ist keine Ausnahme. Viele im Kabinett sehen, was im Bildungssystem schiefläuft. Sie kennen die Probleme dieses gesamten Apparats, aber aus Sorge, das ganze System ins Wanken zu bringen, traut sich niemand, wirklich daran zu kratzen. Während meiner Zeit im Ministerium habe ich mich sehr oft gefragt, was die unzähligen Mitarbeiter der vielen Abteilungen eigentlich den ganzen Tag machen. Während in den Schulen an allen Ecken und Enden Personal fehlt, habe ich das Gefühl, die Verwaltungsapparate werden von Jahr zu Jahr größer. Dass dieses Gefühl größtenteils der Realität entspricht, bestätigten mir viele im Ministerium.

Was mich in diesem Jahr am meisten erstaunte, war die Hilflosigkeit der Politik. Ich habe mit unzähligen Spitzenpolitikern geredet. Am Ende hatte ich immer den Eindruck, sie wüssten nicht, wie sie es mit diesem System, mit den über Jahrzehnte gewachsenen parteipolitischen Strukturen auf

Bundes- und Landesebene, aufnehmen könnten. Womit sie beginnen sollten. Natürlich unterscheidet sich der Umgang mit den Schwierigkeiten von Bundesland zu Bundesland. Wien ist mit Sicherheit das chaotischste Bundesland. Ist Wien so chaotisch, weil die Probleme so groß sind, oder konnten die Probleme nur so groß werden, weil Wien chaotisch ist? Ich vermute, die Schwierigkeiten sind selbstverschuldet. Ein Grund, dass die Probleme in Salzburg nicht so enorm sind, ist, dass man dort viele Herausforderungen nicht so fraktionell ideologisch denkend angeht. Einen ähnlich pragmatischen Zugang habe ich nur noch in Oberösterreich wahrgenommen.

Wie bildungspolitischen Konflikten begegnet wird, hat aber nicht nur mit der offiziellen parteipolitischen Ausrichtung zu tun, sondern auch mit der Mentalität der Verantwortlichen. Tirol ist dafür ein gutes Beispiel. Das Land ist tiefschwarz. Trotzdem befürworten viele eine gemeinsame Schule für Kinder von zehn bis 14 Jahren, obwohl das nicht der schwarzen Parteilinie entspricht. Viele Schulleiter waren sich dennoch einig: „Die Gymnasien müssen sich mehr an der Integration beteiligen. Das Beste wäre, wir würden im ländlichen oder im kleinstädtischen Bereich eine gemeinsame Schule machen." Sie hatten einen nüchternen und pragmatischen Blick auf die Situation an ihren Schulen. Es war einer der wenigen Termine, bei denen ich das Gefühl hatte, hier sind Leiter versammelt, die es schaffen, ohne Ideologie und Parteipolitik über Probleme und Lösungen zu diskutieren.

Neben der Ideologie nimmt die Bürokratie im Schulbetrieb immer mehr Raum ein. Mit dem neuen Autonomiepaket sind

Schulen tatsächlich nur mehr zu ausführenden „Bürokratiewerkstätten" geworden. Der Leiter trägt zwar die volle Verantwortung, darf aber kaum selbst entscheiden. Die Vorgaben kommen aus dem Ministerium und den Bildungsdirektionen. Besonders verwirrend wird es, wenn die Bildungsdirektion andere Weisungen gibt als das Ministerium. Dass widersprüchliche Informationen verbreitet werden, hat oft – besonders in Wien – politische Gründe.

Es gibt eine Flut an Informationen, Erlässen, Weisungen, Hinweisen, Empfehlungen, die jeden Morgen per Mail in den Direktionen landet. Schaltet der Schulleiter den Computer um sieben Uhr morgens ein, ist er eigentlich schon für den Rest des Tages mit Lesen und Filtern beschäftigt, was wichtig ist und was direkt gelöscht werden kann. Alles, was als gesellschaftlich relevant angesehen wird, darf nicht autonom an den Schulen entschieden werden, sondern wird von diversen Arbeitsgruppen im Ministerium und den Bildungsdirektionen bearbeitet und oft in seitenlangen Erläuterungen an die Schulen geschickt. Die Inhalte erstrecken sich von Sprachförderung über gesunde Ernährung und Sporterziehung, Musik, Kunst und Kultur bis zu aktuellen Themen wie der Klimakrise. Eine befreundete Schulleiterin brachte es im Sommer auf den Punkt: „Was glaubst du, wie wir im September mit Informationen zum Umweltschutz zugeschüttet werden. Als ob wir das Thema zum ersten Mal hören würden. Man muss anscheinend die Experten in den Arbeitsgruppen beschäftigen. Sie sollen mir lieber ein paar Leute mehr an die Schule schicken."

Selbst das Personal kann ein Schulleiter in Ballungsräumen nicht mehr allein auswählen. Oder, wie eine Leiterin aus Wien es ausdrückte: „Man muss froh sein, wenn überhaupt jemand kommt und länger als drei Jahre bleibt." So sieht mit Sicherheit keine Schulautonomie aus. Dieser Begriff ist ein Hohn, wenn man sich die derzeitige Entwicklung im Schulsystem ansieht. Es geht immer öfter um gut klingende Begriffe und Konzepte, aber immer weniger um Inhalte. Wir nennen etwas „2.0", und schon kann der Öffentlichkeit eine kleine Reform präsentiert werden, auch wenn sich im Grunde nichts geändert hat.

Neben den Mitteilungen der Bildungsdirektionen und des Ministeriums wehen zwischendurch auch noch die „fraktionellen Informationen" der jeweiligen Partei herein. Die fraktionellen Schulleiter werden informiert, wie die Position ihrer Partei zu aktuellen Themen ist. Diese Information erfolgt durch die politischen Gruppierungen der Gewerkschaft. Natürlich soll dies vor allem Stimmung machen. Alles wird zum politischen Kampf erklärt: Deutschklassen, Noten oder eben keine, Time-out-Klassen.

Als Personalvertreterin führte ich eine hitzige Diskussion innerhalb meiner sozialdemokratischen Gewerkschaft über die Organisation der Nachmittagsbetreuung. Ich war der Meinung, die Lehrer am Standort sollten diese so organisieren, wie es für die Schüler sinnvoll ist. Lernstunden können durchaus Übungsstunden sein. Als Personalvertreterin im Auftrag der Gewerkschaft Druck zu machen, dass in diesen Stunden Deutsch, Mathematik, Englisch unterrichtet wird, lehnte ich ab. Wie so oft ging es ums Geld. Jede Stunde Deutsch, Mathematik, Englisch bedeutet eine Zulage für junge Lehrer. Dass dies an vielen Standorten anders organisiert wurde und auch so gewünscht war, wurde ignoriert.

Eine Behörde – Ministerium wie Bildungsdirektion – muss kontrollieren und Vorgaben machen, das stellt niemand infrage. Aber lassen wir doch die Menschen am Standort möglichst autonom entscheiden, wie sie glauben, zu den besten Ergebnissen zu kommen. Aktuell ist das Gegenteil im österreichischen Schulsystem der Fall. Gerade engagierten Lehrern und Leitern war völlig bewusst, dass wir hier möglicherweise die Zukunft unserer nächsten Generation verspielen. Je länger ich darüber nachdachte, desto lächerlicher kamen mir die parteipolitischen Spielchen und dieser ideologische Hickhack vor. Es machte mich leider auch wütend. Es gibt viele intelligente und engagierte Menschen an unseren Schulen. Warum lässt man sie nicht mehr entscheiden und entwickeln? Warum will man nicht akzeptieren, dass Lehrer der parteipolitische Schulstreit nicht interessiert? Warum werden wir hineingezogen?

Ich durfte im vergangenen Jahr sehr interessante Schulversuche zur besseren Integration von Schülern kennenlernen; in Berufsschulen, die eng mit Betrieben zusammenarbeiteten, oder in Volksschulen, die in der Sprachförderung die Eltern verpflichtend einbinden. Dafür sind selbstverständlich Ressourcen, aber auch die Genehmigung des Ministeriums und der Bildungsdirektion nötig. Man muss sich das vorstellen: Projekte, die erfolgreich sind, in die Lehrer viel Zeit und Energie gesteckt haben, werden unter Umständen im folgenden Schuljahr „abgedreht", da Beamte, unterstützt von Experten, ein anderes Modell entwickelt haben. Dieses neue Modell muss dann oft in ganz Österreich, in jeder Schule exakt so umgesetzt werden. Der Frust von Lehrern, die ihre eigenen Konzepte, die auf die individuellen Bedürfnisse der Kinder in dieser Schule zugeschnitten waren, entwickelt haben, könnte nicht größer sein. Warum bindet man Pädagogen, die an der Basis arbeiten, nicht mehr ein? Warum traut man jenen, die direkt mit den Kindern und Jugendlichen arbeiten, so wenig zu? Die Gewerkschaft fordert die intensivere Einbindung der Lehrer immer nur vom politischen Gegner. Bei Anweisungen aus dem eigenen politischen Lager wird meist relativiert und beschwichtigt.

Vielen Menschen, die im Bildungsbereich arbeiten, fehlt die praktische Erfahrung aus dem Klassenzimmer. Damit meine ich nicht, dass jeder, der im Ministerium tätig ist, Lehrer gewesen sein sollte. Aber die hohe Zahl an Experten ohne Praxisbezug ist erschreckend. Entsprechend theoretisch und wirklichkeitsfremd sind viele Ideen, die von diesen Leuten entwickelt werden. Doch offenbar spielt Praxistauglichkeit keine Rolle bei der Bewertung. Wichtig ist die Projekt-Broschüre für Lehrer, am besten auf Hochglanzpapier.

Eine Broschüre löst aber keine Probleme. Mit guten Ratschlägen aus der Ferne erreicht man nichts. Man entfernt sich nur noch weiter von den Lehrern, die sich oft zu Recht von technokratischen Beamten bevormundet fühlen. Lehrer merken rasch, ob eine Idee geeignet ist, die Probleme in den Schulen zu bewältigen oder nicht. Bei vielen Broschüren, Vorschlägen und Empfehlungen entsteht leider oft der Eindruck, als wüssten diese Experten nicht, dass es um Kinder und nicht um irgendwelche Zahlen und Nummern geht. Schüler funktionieren nicht wie Maschinen. Ich frage mich schon lange, an wen sich viele dieser bildungspolitischen Konzepte aus dem Ministerium richten sollen, wenn es weder Schülern noch Lehrern hilft. Es ist, als ob die Beamten wie in einem Tunnel vor sich hinarbeiten, fernab jeglicher Realität.

Viele Technokraten und Kabinettsmitarbeiter im Ministerium behandeln Schüler wie Nummern in einem Ordner. Das unterscheidet sie von uns Lehrern. Wir sind mit den Problemen direkt konfrontiert, müssen Konflikte bewältigen und Lösungen anbieten. Das dafür bestehende starre Regelwerk hilft dabei nur bedingt. Auf dem Papier liest es sich möglicherweise überzeugend, doch im Praxisalltag stellt sich dann oft heraus, dass es unbrauchbar ist.

Ein gutes Beispiel dafür ist der Umgang mit Schülern, die eine Klasse wiederholen müssen. Am Ende des Schuljahrs stehen viele Schulen vor der Frage: Wohin mit diesen Schülern? Denn oft ist in der darauffolgenden Klasse kein Platz mehr. Geht es nach den Vorstellungen des Ministeriums, dann müssen diese Schüler einfach auf andere Schulen, in denen noch Plätze frei sind, aufgeteilt werden. Die Position ist aus Sicht einer pragmatischen Verwaltung nachvollziehbar, im Vordergrund steht für diese Beamten schließlich nur die Anzahl der Schüler pro Klasse. Doch so einfach ist es leider nicht. Dass Kinder, die sowieso schon genügend Probleme haben, durch einen erzwungenen Schulwechsel zusätzlich aus einem bestehenden Sozialverband herausgerissen werden und sich in einer völlig fremden Umgebung neu zurechtfinden müssen, wird einfach hingenommen und im System unter Kollateralschaden verbucht. Individuelle Lösungen sind nicht vorgesehen, selbst wenn Lehrer und Leiter diese finden. Dieses System hilft Schülern nicht, es wirft sie zurück. Viele müssten nur in einigen Fächern wiederholen, oft in Deutsch oder Mathematik. Was spricht dagegen, diese Dinge individueller zu gestalten und zu organisieren? Vieles ist einfach zu starr. Doch die Politik zeigt keinerlei Interesse, Lehrern und Schülern in dieser Frage entgegenzukommen. Natürlich sind Regeln nicht für Einzelfälle gemacht. Aber warum lässt man die Leiter und Lehrer nicht machen, wenn diese für ihre Schule eine Lösung finden, sodass Kinder bleiben können? Das vielfach überstrapazierte Versprechen von mehr Schulautonomie könnte in diesem Bereich oft sehr leicht und schnell eingelöst werden – zum Wohle aller.

Vom Bürokratieabbau sprechen Politiker aller Parteien gern. Würden ihren Worten auch Taten folgen, ginge einer der größten Wünsche vieler Lehrer in Erfüllung. In der Praxis ist davon aber nichts zu spüren. Vor allem Leiter an Volks- und Mittelschulen müssen unzählige administrative Arbeiten erledigen. „Ich habe keine Zeit für längere Gespräche mit meinen Lehrern, ständig kommt etwas Neues, das ich erledigen muss. Meine Arbeit besteht nur noch aus Listenerstellen. Ich frage mich wirklich: Wozu das Ganze? Wer sieht sich das an? Verbessert das in irgendeiner Form die Leistungen unserer Kinder?"

Was im vergangenen Schuljahr verlangt wurde, ist im neuen bereits überholt und vergessen. Dann kommt etwas vermeintlich Besseres, zumindest kurzzeitig. Derzeit gilt die sogenannte „Schulqualität-Allgemeinbildung" als Lösung zur Qualitätssteigerung an Schulen. Für den Leiter der Steuerungsgruppe – die für jede Schule aus Lehrern und dem Schulleiter besteht – gibt es auch eine kleine finanzielle Zulage. Zuvor gab es sogenannte „Lerndesigner" an Mittelschulen. Auch sie sollten die Qualität an ihren Schulen steigern. Lehrer wurden zu Seminaren geschickt, um Multiplikatoren an ihren Schulen zu sein. Was aus den „Lerndesignern" wurde, weiß eigentlich kaum jemand so genau. Am wenigsten jene Lehrer, die diese Seminare besuchten.

Viele sehen in diesen ständig wechselnden Konzepten zur Schulentwicklung keinen Sinn. Vor allem deshalb, weil sie zum Großteil vom Ministerium oder der Bildungsdirektion vorgegeben werden, ohne dass diese politischen Institutionen mit den Problemen und Herausforderungen an den Schulen ausreichend vertraut sind.

Zur Verbesserung der Leistungen der Schüler werden Aufzeichnungen und Dokumentationen geführt, die an die Vorgesetzten weitergeleitet werden. Doch den Spagat zwischen den abstrakten Lehrplananforderungen und den tatsächli-

157

chen Kompetenzen der Schüler schaffen Lehrer an Brennpunktschulen nicht. Selbst AHS-Lehrer beklagen, dass viele Schüler die Ansprüche des Lehrplans nicht erfüllen können. Sie hätten gerne die Möglichkeit, mehr zu differenzieren. „Es kommt mir vor, als ob wir unterschiedliche Niveaus in unseren Klassen einfach mit viel schriftlicher Dokumentation gleichmachen wollen. Das wird nicht funktionieren", beklagten sich viele Pädagogen.

Die Forderung, alles zu dokumentieren, bringt manche Schulleiter auf skurrile Ideen. Eine Lehrerin, die Sprachfördergruppen an einer Volksschule unterrichtete, fiel für einige Wochen aus, und damit auch der Förderunterricht, da eine andere Lehrerin nicht zur Verfügung stand. Einen Förderplan sollte die erkrankte Lehrerin jedoch auch für diese Zeit verfassen, für Schüler, die sie einige Wochen gar nicht gefördert hatte. Die Lehrerin beschwerte sich zu Recht. Damit bildet sie eine Ausnahme: Viele schweigen und führen die Anweisungen aus. Wir begehen einen großen Fehler, wenn wir uns mit falschen Dokumentationen, die nur unsere Vorgesetzten zufriedenstellen, belügen. Bei vielen Lehrern erzeugt dies Frustration. Es nützt den Kindern und Jugendlichen in keinem Fall. Es bringt allerdings auch nichts, darüber gegenüber der Schulbehörde zu schweigen. Wie schwierig es ist, in dieser Hinsicht auf offene Ohren zu stoßen, konnte ich in den letzten Monaten selbst erfahren. Wenn ich Probleme der Lehrer in ihrer täglichen Arbeit ansprach, hatte ich den Eindruck, gegen eine Wand zu sprechen.

Nicht nur die oft sinnlose Dokumentation bereitet Lehrern unnötige Arbeit, auch die Verwaltung der Schülerdaten nimmt viel Zeit in Anspruch; gerade, wenn es sich um Schüler handelt, bei denen es nicht selbstverständlich ist, dass sie ihre Adresse und Telefonnummer wissen, oder dass die Eltern diese ausfüllen und ins Mitteilungsheft schreiben. Telefonnummern, die häufig gewechselt werden, müssen Lehrer natürlich für den Notfall ständig aktualisieren. So kommt es auch zu Situationen, die mich bereits als Personalvertreterin staunen ließen. Als die Rettung einen verletzten Schüler ins Krankenhaus bringen musste, wollte die Lehrerin selbstverständlich dessen Eltern informieren. Leider war unter keiner der angegebenen Nummern jemand zu erreichen. Sanitäter wie auch die Schulleiterin warfen der Lehrerin vor, sich nicht um die aktuellen Telefonnummern gekümmert zu haben. Die Pädagogin versicherte, die angegebenen Nummern korrekt eingetragen zu haben. Zu ihrer Verteidigung bestätigte der verletzte Bub, dass seine Eltern mittlerweile neue Handys mit neuen Nummern hätten. Diese seien leider auch ihm noch nicht bekannt.

In der nächsten Konferenz wurde eindringlich darauf hingewiesen, die Eltern nicht nur am Schulanfang darauf hinzuweisen, die aktuelle Handynummer bekannt zu geben. Die – noch junge – Lehrerin machte sich Vorwürfe. Auch ich dachte im ersten Moment: Hat sie vielleicht etwas übersehen? Doch diesen Gedanken verwarf ich schnell wieder. Die Eltern tragen die Verantwortung für die Schule, aber vor allem ihrem Kind gegenüber. Sie können ihren Handyanbieter samt Nummer so oft wechseln, wie sie wollen. Der Schule muss dies in jedem

Fall bekannt gegeben werden. Erstaunlich war, dass niemand auch nur auf die Idee kam, sich über die Eltern zu beschweren. Die Reaktion: „Was hat die junge Lehrerin verabsäumt?", war im ersten Moment bei uns allen vorhanden. Der Trend, Lehrer selbst für private Daten der Schüler verantwortlich zu machen, hat sich in den letzten Jahren durchgesetzt. Dies verunsichert viele Lehrer: Wie oft muss ich kontrollieren, ob ich auch die richtigen Nummern habe? Und was, wenn die Daten nicht mehr aktuell sind? Bin ich dafür verantwortlich?

Die unzähligen Erlässe, Vorgaben und damit verbundenen Ängste veranlassen immer mehr Lehrer, nicht zu viele Aktivitäten mit ihrer Klasse zu unternehmen. „Was mache ich, wenn sich ein Schüler beim Blumenpflanzen verletzt oder infiziert? Ich fahre besser nicht auf den Bauernhof mit ihnen, die wollen sicher Tiere streicheln. Was, wenn einer der Schüler allergisch ist und das nicht wusste? Viele haben ja noch nie zuvor Hunde oder Katzen gestreichelt." In einer Volksschule wurde der Hof abgesperrt, da Äste geschnitten wurden. Diese lagen noch ein paar Tage herum. Die Kinder einer Klasse fanden das unglaublich toll und planten, sich ein Haus damit zu bauen. Die Lehrerin musste sie enttäuschen. Der Hof blieb gesperrt, bis die Äste entsorgt wurden. Und das dauerte. Die verantwortliche Schulleiterin zuckte nur mit den Achseln: „Die Schüler haben eigentlich vollkommen recht. Wir sind schon alle völlig weltfremd mit unseren Vorschriften." Unsere Erlasskultur bewirkt, dass Schüler kaum mehr Gelegenheit haben, mit allen Sinnen zu lernen. Die Sorge, ein Kind könnte sich verletzen, die Eltern klagen und der Fall in den Medien auftauchen, ist bei Verantwortlichen sehr groß.

Jeder Vorfall muss genau dokumentiert werden. Vor allem, wenn Schüler unentschuldigt fehlen, muss dies festgehalten werden. Eigentlich eine sinnvolle Vorgangsweise. Wenn es allerdings zu einer Anzeige und einem Einspruch der Eltern dagegen kommt, muss sich der Schulleiter mit genauen Aufzeichnungen rechtfertigen. Dann bleibt nur zu hoffen, dass nicht irgendein Formalfehler passiert ist. Wenn doch, hat sich die Strafe erledigt, und die Eltern müssen ihr Kind weiterhin nicht in die Schule schicken. Leider geht vielen Schulleitern die Kraft aus. „Ich könnte die Vorfälle mit Schülern viel ausführlicher dokumentieren, wenn ich nicht ständig Tabellen in die Bildungsdirektion schicken müsste. Ich frage mich, wer sich das überhaupt ansieht.“ Dies waren die Aussagen von vielen Schulleitern. Manche geben auf. Sie entschuldigen die Schüler, da sie sich diesen aufwendigen Verfahren nicht stellen wollen. Eltern gehen unter Umständen gestärkt heraus, obwohl sie ihre Kinder nicht in die Schule schicken, und die restliche administrative Arbeit bleibt liegen.

Die Büroarbeit raubt Lehrern, aber vor allem Schulleitern, sehr viel Kraft. In Wien gibt es, aus welchen Gründen auch immer, ein Schulverwaltungsprogramm, das viele als besonders benutzerunfreundlich wahrnehmen. Mit diesem Programm wird diese bürokratische Arbeit zu einer wahren Tortur. Dazu kommt, dass es gerade in Wien Schulen mit bis zu 22 Klassen gibt. In vielen dieser Klassen sitzen 25 Schüler und seit diesem Schuljahr manchmal auch mehr. „Warum bin ich nicht Schulleiter in einer kleinen Landgemeinde? Viele der administrativen Arbeiten sind sinnlos, sie bringen uns nicht weiter. Im Gegenteil: Sie halten uns vom Wichtigen ab." Diese Kritik wurde in vielen Gesprächen von Direktoren an Brennpunktschulen geäußert.

Selbstverständlich muss es Vorgaben und Richtlinien für Lehrer geben. Diese sollten aber keineswegs zum Selbstzweck werden, wie es dies leider derzeit oft der Fall ist. Steigt ein Lehrer einige Tage nicht in das Schulverwaltungsprogramm ein, hat er mit einem Mal bis zu hundert Erlässe, Informationen und neuerdings auch „Informationserlässe" zu lesen. Ein Großteil davon ist im Prinzip unwichtig. Ich frage mich schon lange: Was genau an dieser zunehmenden Bürokratie verbessert den Unterricht? Was unterstützt die Kinder? Was kann in der Elternarbeit helfen? Wie verbessern wir die Deutschkenntnisse unserer Schüler? Die Bürokratie hat auf diese Fragen noch nie Antworten gegeben.

GEWERKSCHAFTER ALS REFORMVERHINDERER

Ich bin noch immer eine überzeugte Gewerkschafterin. Leider hat das, worum sich viele Gewerkschaftsvertreter in den Schulen derzeit kümmern, in meinen Augen nur noch sehr wenig mit der ursprünglichen Idee zu tun. Gewerkschaftsarbeit bedeutet für mich, die bestehenden Verhältnisse in der Arbeitswelt zu verbessern. In meinem Bereich betraf dies Lehrer, mit deren Problemen ich mich als Personalvertreterin der sozialdemokratischen Lehrergewerkschaft über neun Jahre beschäftigte. Dass bessere Arbeitsbedingungen an Schulen gleichzeitig auch einen Vorteil für Schüler bedeuten, ist den meisten Gewerkschaftern bewusst. Lehrer und Schüler gehören in diesem System untrennbar zusammen. Dabei muss jeder seine Rolle und Aufgabe erfüllen. In den Jahren meiner Tätigkeit als Personalvertreterin wurde mir immer klarer, dass dieses Bildungssystem in seiner Gesamtheit reformiert gehört. Viele Gewerkschafter aller Parteien sind derselben Meinung. Ihre Parteizugehörigkeit und der ideologische Kampf in der Schulpolitik hindert sie jedoch daran, gemeinsam für Reformen zu kämpfen. Dies ist eine große Schwäche der Lehrergewerkschaft, die in der öffentlichen Meinung als mächtig beschrieben wird. Stark ist sie aber nur, wenn sie Reformen verhindert.

Nun ist es nicht die Aufgabe einer Gewerkschaft, Bildungskonzepte zu erarbeiten. Aber die Verhandler sollten diese zumindest unabhängig von ihrer eigenen politischen Einstellung betrachten. Wie wäre es einmal mit einer Umfrage unter Lehrern, welches Bildungskonzept ihnen am meisten zusagt? Welche Vorschläge würden sie selbst noch einbringen?

Auf meinen Schulbesuchen in ganz Österreich hatte ich Gelegenheit, einige Leiter kennenzulernen, die ihre Schule nur vorübergehend führten. Schüler, Eltern und Lehrer waren mit dieser Leitung eigentlich immer sehr zufrieden. Entsprechend gut war das Schulklima. Diese interimistischen Leiter erklärten mir: „Das Angenehme ist, ich muss nicht so viel Rücksicht auf eine Fraktion nehmen. Ich gehöre ja keiner an. Ich kann freier entscheiden und mich auch einmal unbeliebt machen." Wenn ich nachfragte, ob sie sich nicht für eine fixe Leiterstelle bewerben wollten, war die Antwort immer: „Ich bin doch politisch nicht vernetzt", oder „Die Schule hat eine andere Farbe. Ich stehe politisch eher einer anderen Partei nahe. Da müsste ich ja deren Verein beitreten. Das möchte ich nicht." Da sich gerade für Brennpunktschulen immer weniger Lehrer um Leiterstellen bewerben, bleiben diese Schulen für längere Zeit interimistisch besetzt. Der Grund ist, dass die Gewerkschaft den Einfluss der Parteien im Schulsystem nicht verringern will. Sie verhindert „rote" Bewerber als Leiter an schwarzen Schulen und „schwarze" Bewerber an roten Schulen, auch wenn jene Personen die geeignetsten für den Standort wären. Viele Personalvertreter tragen diese Blockade mit. Man installiert dann lieber einen parteinahen Direktor, der oft auch noch dazu überredet werden musste, und der tatsächlich woanders besser aufgehoben wäre.

Dass gerade sozialdemokratische und unabhängige Gewerkschafter Beschwerden von Lehrern an Brennpunktschulen als „Suderei" abtaten, ärgerte mich immer sehr. Jeder Personalvertreter kennt „Nörgler und Jammerer"; jene, die den Fehler niemals bei sich, sondern ausschließlich bei anderen suchen. Diese Bediensteten gibt es selbstverständlich auch im Lehrberuf. Ich war froh, wenn sie sich entweder in ein anderes Bundesland versetzen ließen, kündigten oder endlich in Pension gingen. Die Sorgen und Anliegen der überwiegenden Mehrheit der Lehrer sind jedoch berechtigt.

Als Personalvertreterin bin ich oft auf die Untätigkeit der Gewerkschaft in Bezug auf den Zustand der Wiener Pflichtschulen aufmerksam gemacht worden. Ich konnte den Vorwürfen immer weniger entgegenhalten. Vor allem nach dem „Reformpaket Schulautonomie", das eine Verwaltungsreform ist und mit Autonomie nichts zu tun hat, erkannte ich, wie schwach die Gewerkschaft durch ihre Abhängigkeit von den Parteien ist. Sie sieht zu, wenn bürokratische Strukturen noch aufgeblähter werden, anstatt den Abbau der Bürokratie zu fordern. Der große Lehrermangel, zurzeit vor allem in Wiener, aber auch Vorarlberger Volksschulen, darf öffentlich nur von der „schwarzen Wiener Gewerkschaft" angesprochen werden. So sieht es für die Öffentlichkeit nach parteipolitischen Differenzen und nicht nach einem tatsächlichen Problem aus. Die Eltern, also Wähler, sollen beruhigt sein, obwohl genau das Gegenteil der Fall ist.

Als der schwarze Vorsitzende der Lehrergewerkschaft Paul Kimberger die Unzufriedenheit vieler Lehrer mit den Deutschklassen darlegte, rechnete ich ihm das hoch an. Ich konnte mir ungefähr vorstellen, welchen Gegenwind er vonseiten der ÖVP, seiner Partei, zu spüren bekam. Warum die Gewerkschaft nicht gemeinsam über Parteigrenzen hinweg für ein besseres Schulsystem eintritt, begreife ich nicht. Macht man sich einmal frei von den parteipolitischen Ideologien und dem Wunsch, bei den alle fünf Jahre stattfindenden Personalvertreterwahlen die Mehrheit zu bekommen, sieht man die tatsächlichen Probleme viel klarer. Von einem gemeinsamen Ziel ist die Gewerkschaft allerdings meilenweit entfernt. Schlimmer noch: Sie spaltet sich noch mehr. Am dramatischsten ist dieser Kampf in Wien. Es gibt plötzlich zwei „rote" Fraktionen. Der Kampf um die gut bezahlte Funktionärstätigkeit in der obersten Personalvertretung ist eröffnet, nach dem Motto: Wenn ich schon nichts für die Lehrerschaft erreichen kann, so wenigstens für mich selbst. Manche Funktionäre engagieren sich von vorherein nur für sich selbst. Sind sie auch noch gut vernetzt in einem politischen Verein, steigen sie schnell in der Hierarchie auf. Das ist unfair jenen Gewerkschaftern und Personalvertretern gegenüber, die ständig an Schulen unterwegs sind, unzählige Telefonate führen und sich in vielen Verhandlungen mit der Bildungsdirektion auf den kleinsten gemeinsamen Nenner einigen. Dabei wissen sie allerdings meist, dass sich im Grunde nichts verbessern wird.

Die Gewerkschaft scheint sich besonders stark zu machen, wenn es um private Unternehmen geht. Dies ist auch ihre

Aufgabe. Ist das Unternehmen der Staat, Bund wie Länder, versucht man die bestehenden Missstände, wie zum Beispiel Personalmangel an Schulen und Kindergärten, möglichst intern zu regeln. Aufsehen zu erregen wäre in diesem Fall sehr schlecht; hängt man doch als Gewerkschafter des öffentlichen Dienstes eng mit Bund und Land zusammen. Längst hätte ein Aufschrei wegen der überbordenden Bürokratie und der administrativen Belastungen erfolgen müssen. Dieser kommt viel zu zaghaft.

Zur Personalsituation in vielen Kindergärten und an Volksschulen schweigt die Gewerkschaft vollkommen. Sie scheint nach dem Prinzip „Eine Hand wäscht die andere" zu handeln. Dort, wo es politisch passt, traut sie sich. Wo es den Staat oder das Land und damit Verantwortliche aus den Parteien betrifft, muss sehr vorsichtig vorgegangen werden. Im Interesse der zahlenden Mitglieder müssen Gewerkschafter endlich überdenken, ob weiter im Sinne des staatlichen Schulsystems und der jeweiligen Parteien gehandelt, oder ob mehr für die tatsächlichen Anliegen der Lehrer unternommen werden soll. Eine Gewerkschaft ist allein für ihre Mitglieder und die Verbesserung der Arbeitsbedingungen zuständig. Ideologie oder Parteiprogramme haben da keinen Platz.

Es gibt viele engagierte Personalvertreter, und zwar bei allen Fraktionen. Es ist traurig mitanzusehen, wie sie bei dem Versuch, in den Schulen etwas voranzubringen, scheitern. Oft lassen sie sich durch ihre Partei bremsen. Wo bleibt der Aufschrei, wenn Gelder und Ressourcen nicht an der Basis eingesetzt werden, sondern in einem bürokratischen Apparat versickern? Gewerkschafter im öffentlichen Dienst wissen über diesen Missstand Bescheid. Es wäre dringend notwendig, sich an einen Tisch zu setzen und gemeinsam Druck auf die Politik auszuüben; und nicht nur von einer Funktionärswahl zur nächsten zu denken.

FALSCHE UNTERSTÜTZUNG

Im Bildungsbereich gibt es zahlreiche Akteure, die ihren Einfluss entweder hinter den Kulissen ausüben oder aber aufgrund parteipolitischer Nähe zu Aufträgen kommen. In beiden Fällen stehen nicht die Anliegen und Bedürfnisse von Lehrern und Schülern im Vordergrund. Vielmehr geht es um die Verbreitung bestimmter ideologischer Sichtweisen. Die Ziele dieser „Freundeskreise" der Parteien scheinen oft wichtiger zu sein als die Interessen der Schüler und Lehrer. So orientieren sich ÖVP-regierte Länder sehr stark an der katholischen Kirche und gewähren ihr sehr viel Gewicht. In den westlichen Bundesländern verärgert es selbst „schwarze Schulleiter", wie groß der Einfluss der katholischen Kirche ist. Auch bei manchen Schulleiterbestellungen und in der Sexualerziehung fordert sie ein Mitspracherecht.

Wichtig ist auch, welche Vereine mit Schulen zusammenarbeiten und Workshops veranstalten; und vor allem, welche dies nicht sollten. Auch hier scheint vielmehr die Parteinähe als das tatsächliche Konzept der Vereine im Vordergrund zu stehen. Die ÖVP ist dabei kein Einzelfall. Im rot-grün regierten Wien macht der Verein ZARA (Verein für Zivilcourage und Anti-Rassismus) sowohl Fortbildungen an Schulen wie auch an der Pädagogischen Hochschule. Mir gegenüber äußerten sich viele Lehrer, die Fortbildungen von ZARA besuchten, größtenteils negativ. Man wusste oft nicht, was die Inhalte der Seminare mit den Problemen der Kinder zu tun hatten. Erzählten Lehrer von Mädchen, die von ihren Brüdern kontrolliert werden, landen die Vortragenden bei Diskriminierungserfahrungen junger muslimischer Männer. Lässt man dennoch nicht locker, wird auf die mangelnde Gleichberechtigung in der österreichischen Mehrheitsgesellschaft hingewiesen. Letztendlich läge alle Verantwortung für das Gelingen von Integration bei Lehrern und Schulleitern.

Was aber in meinen Augen noch bedenklicher ist: Die Schwierigkeiten junger Mädchen, ihr Leben selbstbestimmt zu führen, werden gänzlich ignoriert. Man müsse nur den Eltern auf Augenhöhe begegnen, so werden sie ihre Tochter schon auf Projektwoche mitfahren lassen. Somit sprechen Mitarbeiter von ZARA in meinen Augen diesen Eltern jegliche Eigenverantwortung und eigene Sichtweisen ab.

Ein interessantes Projekt zur Deradikalisierung, das mir ein Polizist vorstellte, wurde dagegen weder vom Ministerium noch von der Wiener Bildungsdirektion beachtet. Es beinhaltete praktische Hilfe und Informationen für Lehrer: Woran erkenne ich, wenn sich ein Schüler radikalisiert? Wie reagiere ich, wenn eine Schülerin plötzlich Hijab trägt und fordert, ihre Gebetszeiten während des Unterrichts abzuhalten? An welche Stelle kann ich Berichte der Schüler über „Hetzreden" in Moscheen weiterleiten?

Warum gerade dieses Konzept auf wenig Zustimmung stieß, lag für mich auf der Hand. Auch in diesem Fall ging es um Parteipolitik. Ein Konzept aus dem Innenministerium, das seit Jahrzehnten von der ÖVP dominiert ist, wird von der Stadt Wien von vornherein abgelehnt. Man entwickelt lieber eigene Konzepte mit den eigenen Leuten. Dass der engagierte Polizist kein Mitglied einer Partei war, hatte keinen Einfluss.

Es gibt unzählige Vereine, die Projekte an Schulen anbieten. Immer wieder erreichen Mails die Kanzlei, werden Vereine bei Leitersitzungen vorgestellt, oder es kommt jemand mit Foldern vorbei. Manche dieser Projekte sind sinnvoll, manche kommen eher weniger gut an. Es ist ein Irrgarten für Schulleiter und Lehrer. Ein Projekt, das wir im Rahmen der Friedenserziehung machten, wäre ohne die Anwesenheit von uns Lehrern im Chaos versunken. Während einer Trainingseinheit meinte die Leiterin, sie hielte die Aggressionen der Jugendlichen energetisch aus. Wir sollten besser den Raum verlassen. Das befolgten meine Kollegin und ich, blieben aber dennoch vor der Tür stehen und hörten uns das Gebrüll der Schüler von außen an. Es fiel uns schwer, nicht einzugreifen. Danach brauchten wir eine gute Stunde, um die Jugendlichen wieder zu beruhigen.

Viele angebotene und forcierten Projekte bieten Lehrern und Schülern keinerlei Unterstützung. Warum manche Vereine gefördert und beworben werden, andere, mit denen Schüler und Lehrer sehr zufrieden waren, jedoch nicht mehr, habe ich nie verstanden. Ich befürchte jedoch, dass auch hier die Parteipolitik eine große Rolle spielt. So stellte mir eine engagierte Pädagogin ein Konzept zur Gewaltprävention für Kindergärten und Volksschulen vor. Ohne Verbindung zu

Organisationen, die politischen Parteien nahestehen, könne sie es eigentlich vergessen, so ihr Resümee. Dass die Supportsysteme so unübersichtlich sind und oftmals nicht direkt den Schulen zur Verfügung stehen, wird von vielen Lehrern kritisiert. Kommt endlich Unterstützung, wie im Falle des „mobilen Mosaikteams" in Wien, lautet die Rückmeldung der Lehrer: „Sie kommen und setzen sich hinten hinein. Geben Antworten auf Fragen, die ich nie gestellt habe, während meine Anliegen unbeantwortet bleiben. Eigentlich war es eine Art Supervision, in der mir gesagt wurde, dass ich auf dem richtigen Weg sei. Dem Schüler hilft dies herzlich wenig. Ich wollte aber Hilfe für ihn, nicht für mich. Ich komme mit meinem Leben schon klar."

Ein weiteres Problem zeigt sich in den unterschiedlichen Zuständigkeiten der vielen Supportsysteme. Es gibt Sozialarbeiter des Bundes, des Landes, von Vereinen, Beratungslehrer und Psychologen. Jeder hat andere Aufgaben und Kompetenzen. Oftmals doktern sie alle an einem Fall herum, während andere Schüler unbetreut bleiben. Manche dürfen nur mit dem Schüler arbeiten, andere sehr wohl mit den Eltern, diese aber nicht zu Hause aufsuchen; alles streng danach geregelt, wie es in ihren Verträgen festgeschrieben wurde. Überschreitet der Sozialarbeiter oder Beratungslehrer seine Kompetenz, kann dies zu dienstrechtlichen Problemen führen, sei die gesetzte Maßnahme noch so sinnvoll gewesen. Es gibt Sozialarbeiter, die als Lehrer eingesetzt werden, und Beratungslehrer, die nicht allein in einer Klasse sein dürfen, obwohl sie ausgebildete Lehrer sind. An der Basis durchschaut dieses

Supportsystem kaum jemand mehr. Wer wofür zuständig ist, erschließt sich meist nicht. Man kann nicht sagen, dass keine Unterstützung vorhanden wäre. Sie erfüllt allerdings sehr häufig nicht die Aufgabe, die benötigt würde. Meist, weil sie viel zu reglementierten Vorgaben unterliegt. Zuletzt erhitzten die sogenannten „Time-out-Klassen" die Gemüter. Schwierige Schüler sollen eine Zeit lang in separaten Klassen unterrichtet werden. Sie sollten von speziellen Lehrern wie auch Sozialarbeitern betreut werden. Dies bedeutet nicht, dass die Kinder und Jugendlichen diskriminiert werden. Manche Schüler brauchen gerade in schwierigen Phasen spezielle Betreuung. Diese steht ihnen in der Regelklasse nicht zur Verfügung.

Es ist positiv, dass in vielen Bundesländern Vereine gefördert werden. Dass ihr Einsatz oftmals nur punktuell erfolgt – ein Projekt an einer Schule, dann sind sie wieder weg –, ist für die Schüler nicht sinnvoll. Dass Schulen und Kindergärten mit Vereinen zusammenarbeiten, die offensichtlich niemand genauer geprüft hat, ist ein schwerwiegendes Problem. Aus diesem Grund beschloss der ehemalige Minister Faßmann, die Sexualerziehung ausschließlich in die Hand der Pädagogen zu geben. Ich konnte den Unmut der Leiter und Lehrer verstehen, da so gute Projekte drohten, abgedreht zu werden. Aber auch die Bedenken des Ministeriums waren in diesem Fall nachvollziehbar. Ein Verein, der Workshops mit Schülern veranstaltet, muss bereits im Vorfeld genau geprüft werden. Dass jemand jemand anderen in der Landesregierung kennt, bedeutet noch lange nicht, dass das Projekt sinnvoll ist. Vereine können gefördert werden. Ihre Arbeit muss jedoch ständig von unabhängigen Stellen geprüft werden. Wenn der Verein ein sinnvolles Projekt anbietet, sollte es nicht nur bei einem bleiben. Diese Arbeit muss über einen längeren Zeitraum andauern, damit sie nachhaltige Erfolge bringt.

WAS JETZT ZU TUN IST:
ZEHN VORSCHLÄGE

1. Vorschulerziehung

Darüber, wie wichtig die Förderung der Kinder im Vorschulalter ist, besteht unter allen Bildungsexperten Konsens. Doch was ist zu tun, wenn Eltern ihre Kinder nicht ausreichend fördern? Den Kindergarten als erste Bildungseinrichtung stellt, quer durch alle politischen Parteien, niemand infrage. Doch Gratiskindergärten, wie diese in Wien eingeführt wurden, bringen nicht die gewünschten Ergebnisse. Gerade in der Hauptstadt leiden viele Kindergärten unter Personalproblemen. Die Gruppen sind mit 25 Kindern oft gut gefüllt. In manchen Wiener Bezirken besuchen überwiegend Kinder mit einer anderen Erstsprache den Kindergarten. Viele unter ihnen sprechen kein Wort Deutsch und beherrschen ihre eigene Muttersprache nur schlecht. Diese Kinder werden, aus Personalmangel, von gerade einmal einer ausgebildeten Pädagogin betreut. Die Helferinnen sprechen oft auch nur mangelhaft Deutsch. Sie kümmern sich um die Kinder, Deutsch können sie ihnen allerdings nicht beibringen.

Bereits viele Kindergärten sind zu wenig durchmischt. Also ist die gemeinsame Sprache nicht Deutsch. Nach außen präsentieren wir vor allem für die Medien schöne Vorzeigeprojekte. Andererseits führen wir immer noch einen ideologischen Streit um die beste Betreuung eines Vorschulkinds: zu Hause versus Kindergarten. Eine verpflichtende Vorschulerziehung mit entsprechendem Förderangebot ist gerade in Brennpunktbezirken dringend notwendig. Das wäre gut investiertes Geld. Dazu müssen die Arbeitsbedingungen von Kinderartenpädagoginnen endlich verbessert werden. Auch der Einsatz von pädagogisch geschultem Personal muss erhöht werden. Kindergärten als Arbeitsstätten für billige Arbeitskräfte bringen uns nicht weiter. Leider hat die Gewerkschaft in dieser Hinsicht nicht viel unternommen. Will man Kindern bessere Startchancen in der Volksschule ermöglichen, sind Deutschkenntnisse vor Schuleintritt dringend nötig. Daher sollte für Kinder, die Deutschförderung brauchen, der Besuch des Kindergartens für zwei Jahre verpflichtend sein. Doch Differenzen zwischen Bund und Ländern, die sich vor allem ums Geld drehen, fehlende pädagogische Konzepte und ideologische Streitigkeiten verhindern notwendige Reformen in der Vorschulerziehung. Übrig bleiben Sonntagsreden und Werbeaktionen für Gratiskindergärten. Schauen wir uns jedoch die Sprachdefizite vieler Kinder und Jugendlicher an, wissen wir, wie dringend in der Vorschulerziehung gehandelt werden müsste.

2. Eltern

Eltern sind Bildungspartner, wie auch offiziell betont wird. Eine Partnerschaft bedeutet allerdings, dass jeder der Beteiligten seinen Teil zum Gelingen beiträgt. Lehrer sind in den letzten Jahren immer stärker mit Erziehungsaufgaben beschäftigt. Die Politik, unterstützt von diversen Bildungsexperten und Erziehungswissenschaftlern, fördert diese Entwicklung. Die nötige Unterstützung bieten sie den Schulen jedoch nicht. Eltern brauchen Hilfe, wenn es Probleme mit der Erziehung ihrer Kinder gibt. Sozialarbeiter und Therapeuten sollten direkt vor Ort zur Verfügung stehen. In Brennpunktschulen werden darüber hinaus Dolmetscher und Sozialarbeiter, die selbst Migrationshintergrund haben, dringend gebraucht. Lehrer berichteten mir, dass Eltern mit ihnen quasi „Schlitten fahren". „Ich habe es nicht verstanden", reicht bereits, um getroffene Vereinbarungen nicht einzuhalten. Ob bei Fehlstunden, keiner Teilnahme an Projektwochen, Gewalt oder Mobbing: Verweigern Eltern die Mitarbeit, sind sie uneinsichtig und nehmen angebotene Unterstützungsangebote nicht wahr, werden sie selten zur Verantwortung gezogen. Die einzige Möglichkeit, diese Eltern zur Mitarbeit zu bewegen, wird wohl über Geldstrafen sein. Unter vorgehaltener Hand bestätigten mir dies auch „linke" Schulleiter und Lehrer. Schade, dass man sofort in den Verdacht der „Law and order"-Politik kommt, wenn man diese Forderung stellt. Familien sollen weiterhin Unterstützung bekommen, sozial schwache umso mehr. Besteht allerdings kein Interesse, seine Kinder zu fördern, indem man sie im Schulalltag unterstützt, sollten diese finanziellen Mittel gekürzt werden. Für viele Vergehen muss man in unserer Gesellschaft Strafen zahlen. Geht es aber um die Bildung der Kinder, ist der Staat besonders großzügig.

3. Regeln und Sanktionen

Die Vereinbarungen, die in einer Schulordnung festgehalten werden, müssen auch im Schulalltag Gültigkeit bekommen. Bei mehreren Vergehen sollten auch hier Geldstrafen verhängt werden. Unsere Schulordnungen erweisen sich oftmals als relativ zahnlos. Sie werden weder von Eltern noch Schülern ernst genommen, da Verstöße gegen die festgesetzten Regeln häufig keine Konsequenzen für Schüler haben. Welches Signal sendet man aus, wenn Jugendliche nach einigen Tagen Suspendierung wieder in die Schule kommen und ihr gewalttätiges Verhalten darüber hinaus keinerlei Konsequenzen hat? Eine Schulleiterin brachte dies auf den Punkt: „Bevor ein Täter der Schule verwiesen wird, verlassen die Opfer die Schule, und zwar ganz ohne psychologische Betreuung." Klare Richtlinien, die bei Verstößen Konsequenzen zur Folge haben, sind keine schwarze Pädagogik. In den meisten Fällen reichen einfache Maßnahmen wie: Säuberung der absichtlich verunreinigten Toilette. Wer das Klo anpinkelt, wird auch in der Lage sein, es selbst zu putzen. Niemand, am wenigsten die betroffenen Schüler, sehen darin eine Erniedrigung. Beschmierte Wände werden mit dem Schulwart gemeinsam geputzt. Auch bei Beschwerden der Eltern kann dies gut argumentiert werden. Erniedrigen darf man Schüler dabei nie. Wer Mist baut, trägt die Konsequenzen für diesen Mist. Im besten Fall lernt er etwas daraus. Geldstrafen sollten nur bei wiederholten Gewaltdelikten, Erpressung, sexueller Belästigung und wiederholter Bedrohung in sozialen Netzwerken verhängt werden. Gleichzeitig wird auch dem Täter

Unterstützung angeboten. Diese Angebote müssten dann allerdings verpflichtend besucht werden.

4. Lehrerausbildung und -fortbildung

Es fehlen Lehrer, vor allem an Volksschulen und in Fächern wie Mathematik und Physik. In Großstädten wie Wien ist die Lage angespannter als an Schulstandorten mit höchstens 16 Kindern pro Klasse. An pädagogischen Hochschulen und der Universität gibt es eine Aufnahmsprüfung für Lehramtsstudenten. Bei einem Mangel an Bewerbern werden jedoch auch junge Menschen genommen, die den Anforderungen des Lehrerberufs nicht gewachsen sind. Wir müssen den Lehrerberuf aufwerten, damit nicht noch mehr Menschen Lehrer werden, die für diesen Beruf nicht geeignet sind. Und damit meine ich nicht finanziell, sondern indem man Lehrern die inhaltliche, organisatorische und administrative Unterstützung gibt, die sie brauchen, um die Aufgaben im Klassenzimmer zu bewältigen. Allein wegen der Personalnot ist dies derzeit nicht der Fall. Das Bildungssystem hat darüber hinaus keine Angebote für langgediente Lehrer, die vielleicht eine berufliche Veränderung bräuchten. So sind auch viele ältere Pädagogen im Dienst, die überfordert sind. Das weit verbreitete Bild vom unfähigen Junglehrer kann ich, nach unzähligen Schulbesuchen, nicht bestätigen.

Junglehrer teilten mir hingegen mit, dass sie in ihrer Ausbildung nicht gut auf die Praxis vorbereitet wurden: „Ich habe nichts von den Problemen dieser Kinder in meiner Ausbildung erfahren. Die Realität ist ganz anders, als wir es theoretisch im Seminar gelernt haben." Eine fachlich fundierte Ausbildung ist wichtig. Daneben dürfen jedoch die Praxiserfahrungen nicht zu kurz kommen. Nach all den Schilderungen der Junglehrer war ich froh, bereits drei Wochen nach Beginn meiner Ausbildung eine Unterrichtseinheit gehalten zu haben. Alle anderen Studierenden und Professoren sahen mir dabei zu. Danach gab es Feedback. Geschont wurden wir dabei nicht. Was gut lief, wurde erwähnt, was schlecht war und dringend verbessert werden sollte, genauso. Auf die Idee, dass dies demotivierend wäre und man von den anderen sogar gemobbt werde, kam allerdings niemand. Wir wollten ja etwas lernen, auch wenn wir durchaus eigene Ideen zur Gestaltung des Unterrichts hatten.

Lehrer tragen eine große Verantwortung für den Bildungserfolg ihrer Schüler. Gegenseitiges Hospitieren sollte nicht als Kontrolle und Heruntermachen eines Kollegen verstanden werden, sondern als Unterstützung und Anregung. Die Personalnot hat zur Folge, dass Menschen, die keinerlei pädagogische Ausbildung haben, unterrichten. Man muss diesen Personen endlich Angebote machen, berufsbegleitend zusätzliche Qualifikationen zu erwerben. Auch, um sie aus den schlecht bezahlten Sonderverträgen herauszubekommen.

Aus Lehrermangel Studierende im zweiten Semester anzustellen, kann nur eine Notlösung sein. Ein Lehrer sollte vor allem die Didaktik beherrschen, bevor er tatsächlich Verantwortung für Schüler übernimmt. Junglehrer zeigten mir ihren perfekt vorbereiteten Stundenaufbau mit allen Zielen, die Schüler erreichen sollten. Wenn die Kinder allerdings schon am ersten Punkt scheiterten, waren viele unter ihnen ratlos. Unterrichten heißt vor allem Interaktion zwischen Schüler und Lehrer. Dieser Aspekt scheint in der heutigen Ausbildung viel zu kurz zu kommen. Für die Fortbildung der Lehrer werden mehr Experten gebraucht. Diese dürfen nicht aufgrund parteipolitischer Nähe ausgesucht werden, sondern allein wegen ihrer Qualifikationen und Kompetenzen. Viele Pädagogen sind mit Seminaren, die sich mit Integrations- und Sprachproblemen von Schülern befassen, unzufrieden. Diese bieten wenig Hilfe im Umgang mit den Problemen im Klassenzimmer. So berichteten mir viele Lehrer: „In Seminaren werden Fragen, die wir stellen, nicht behandelt. Dafür beschäftigen wir uns mit Problemen, die an unseren Schulen gar nicht vorhanden sind." Die Frage: „Was tun, wenn in meiner Klasse ein Schüler zwei Väter oder zwei Mütter hat?" ist in Schulen, die ich besuchte, keine besonders dringende Frage. Viel wichtiger sind Themen wie: Was soll man tun, wenn Mädchen von ihren Brüdern gezwungen werden, ein Kopftuch zu tragen? Wie gehe ich vor, wenn ein Schüler erzählt, dass seine Mutter vom Vater geschlagen wird, er dies aber nicht anzeigen möchte? Fortbildungen für Lehrer müssen dringend an den Schulalltag angepasst werden. Zurzeit sind dies oft abgehobene Veranstaltungen.

5. Bürokratie

Die überbordende Bürokratie samt ihren unzähligen administrativen Arbeiten für Schulleiter und Lehrer nimmt immer mehr zu. Sie entzieht den Pädagogen viel Energie, die für die Arbeit mit den Schülern fehlt. Eine verschlankte Bürokratie und eine Entlastung der Pädagogen von administrativen Arbeiten sind dringend notwendig. In einer Zeit, in der Sozialarbeit, Integration und therapeutische Tätigkeiten Lehrer und Leiter sehr beanspruchen, nimmt Büroarbeit immer mehr Zeit in Anspruch. Lehrer wollen sich nicht mit Tabellen über Wegzeiten bei Projektwochen, Fahrscheinabrechnungen, Fehlstunden und Sozialversicherungsnummern von Schülern beschäftigen. Für sie zählen der Unterricht, die Probleme der Schüler und Elterngespräche. Ein eigenes Sekretariat an jeder Schule ist längst überfällig. In Lehrerkonferenzen und Teambesprechungen geht es zu viel um bürokratische Aufgaben, die von Lehrern möglichst fehlerfrei abgewickelt werden müssen. „Wenn ich in einem Büro arbeiten wollte, würde ich dies tun. Ich wollte mit Kindern arbeiten und ihnen etwas vermitteln." Aussagen wie diese treffen es ziemlich genau.

Wir sollten Lehrern endlich die Zeit und den Raum geben, pädagogische Konzepte zu entwickeln. Schulen müssen endlich von dieser Bürokratie befreit werden. Die Administration können Bürokräfte viel besser erledigen. Eine Verwaltungsbeamtin des Ministeriums teilte mir in einem Gespräch mit: „Warum kann ich nicht an einer Schule arbeiten? Ist doch alles Staatsdienst. Es würde mich sehr interessieren. Hier werde ich alle paar Jahre an eine andere Abteilung versetzt und sehe immer weniger Sinn in meiner Arbeit. Ich möchte Teil eines Teams sein und den Lehrern in der Verwaltung helfen."

Wir müssen offener und flexibler für derartige Quereinstiege sein, gerade in der Verwaltung. Es würde die Schuladministration professionalisieren und die Lehrer von vielen nicht-pädagogischen Arbeiten entlasten.

6. Unterstützungspersonal

Gerade in Brennpunktschulen brauchen Lehrer, Schüler und Eltern Unterstützung. Die von Bund, Land und Gemeinden geförderten zahlreichen Vereine sollten mehr direkten Kontakt zu den Schulen haben. Das Supportpersonal sollte direkt an Schulen und Kindergärten arbeiten. Dies sollte eine Bedingung für staatliche Förderungen sein. Um ihre Arbeit erfolgreich zu erledigen, brauchen Sozialarbeiter ein angemessenes Gehalt und gute Verträge. Ebenso müssen die unterschiedlichen Zuständigkeiten klarer definiert sein. Zwischen Beratungslehrern, Sozialarbeitern und Klassenlehrern darf kein Streit über Kompetenzen bestehen. Konkurrenz untereinander ist absolut kontraproduktiv. Jeder erfüllt seine Aufgabe. Im besten Fall vernetzen sich die unterschiedlichen Stellen. Dort, wo Unterstützung fehlt, muss in die Ausbildung von Mitarbeitern investiert werden. Unbedingt erforderlich sind Sozialarbeiter mit Migrationshintergrund. Diese fehlen überall. Der ständige Kontakt zwischen Sozialarbeitern, Eltern, Schülern und Lehrern ist sehr wichtig. Eltern muss aber auch deutlich vermittelt werden: Das vom Staat zur Verfügung gestellte Unterstützungspersonal ist ein großes Privileg. Dieses können Eltern, Schüler wie Lehrer nur in einem europäischen Sozialstaat genießen. Dafür zahlen alle Bürger Steuern. Dies ist tatsächlich eine Errungenschaft. Wer diese Angebote weder in Anspruch nimmt noch kooperativ ist, dem muss jegliche Unterstützung – auch finanzielle – entzogen werden.

7. Gemeinsame Schule

Ich bin eine Befürworterin der gemeinsamen Schule. Die Trennung im Alter von zehn Jahren erfolgt viel zu früh. Die Illusion, dass alle Schüler dasselbe auf der derselben Schulstufe erfüllen könnten, entspricht allerdings nicht der Realität. Wir sind nicht alle gleich, und wir haben schon gar nicht die gleichen Voraussetzungen. So muss auch innerhalb einer gemeinsamen Schule differenziert werden. Dazu benötigen wir selbstverständlich genügend Lehrer und eine andere Struktur des Schulsystems. Das Prinzip: Alle Schüler gehen gemeinsam bis zur 9. Schulstufe und lernen dort in allen Fächern denselben Lehrstoff, wird die Probleme im Ballungsraum nicht lösen. Im ländlichen Raum mag dies vielleicht noch funktionieren, in den Städten keinesfalls.

Lehrer sollen Kinder in jenen Gebieten fördern, in denen sie ihre Stärken haben. Das kann in den Bereichen Sport, Mathematik, Musik oder Sprachen liegen. Nicht jeder Schüler wird in allen Fächern die gleichen Ziele erreichen können. Dort, wo ein Kind durchschnittliche Leistungen erbringt oder vor allem Defizite hat, muss speziell gefördert werden. Dazu braucht es Leistungsgruppen mit einer geringen Anzahl an Schülern. Diese Lerngruppen sollen in keinem Fall in Stein gemeißelt sein. Der Ehrgeiz aufzusteigen, egal auf welchem Gebiet, muss in den Schülern geweckt werden. Leistungsgruppen sind nicht gleichbedeutend mit einem Kastensystem. Im Gegenteil: Der Wunsch weiterzukommen und aufzusteigen sollte eine große Rolle spielen. Hierbei muss eine gemeinsame Schule auch Anreize für eine praktische Ausbildung bieten. Mehr Kooperationen mit Betrieben sind dringend nötig. Die Wirtschaft darf nicht länger als „Feind" der Schule gesehen werden. In den letzten Jahren haben wir das innerhalb des Schulsystems viel zu sehr vernachlässigt. Schüler dürfen in Betrieben aber keineswegs als billige Arbeitskräfte ausgebeutet werden, sondern sie sollen Alternativen und Angebote für ihren weiteren Lebensweg kennenlernen.

8. Ethikunterricht und Religionsunterricht

An allen Schulen, die ich besuchte, betonten Lehrer, wie wichtig Ethikunterricht für alle wäre. Jene Schulen, die ihn bereits als Schulversuch haben, hoffen auf eine Fortsetzung. Alle machten gute Erfahrungen. Bereits Volksschulkinder interessieren sich für andere Religionen, ihre Gemeinsamkeiten und Unterschiede. Werte und Gesetze, die nichts mit Religion zu tun haben, dieser oft sogar widersprechen, können in einem gemeinsamen Ethikunterricht gut vermittelt und diskutiert werden. Verpflichtender Ethikunterricht für alle als verbindendes Element ist in unserer multireligiösen Gesellschaft wichtiger denn je.

Der jeweilige Religionsunterricht wäre im Idealfall eine gute Ergänzung dazu. Auf keinen Fall darf er den Gesetzen und Werten einer europäischen Demokratie widersprechen. Allerdings haben gerade islamische Religionslehrer oft eine andere Auffassung von Wertevermittlung. Die Suren des Korans und die Wichtigkeit der eigenen Religion stehen im Vordergrund. Je konservativer die Einstellung des Lehrers, umso stärker wird er diese auch den Schülern vermitteln. In der Ausbildung und bei der Auswahl der islamischen Religionslehrer muss sich vieles verändern. Mehr inhaltlicher Einfluss und Kontrolle der Schulleiter und Bildungsdirektionen auf den Religionsunterricht an staatlichen Schulen ist dringend nötig.

9. Ganztagsschule

Die Bedeutung der Ganztagsbetreuung wird von Bildungspolitikern aller Parteien betont. Derzeit steht einem Kind leider nur ein Platz in einer Ganztagsschule zu, wenn beide Elternteile arbeiten. Diese Kinder benötigen ihn natürlich am dringendsten. Aber auch für Kinder aus sozial schwachen Familien, in denen oft nicht beide Elternteile arbeiten, wäre ein ganztägiges Angebot wichtig. Ganztägige Betreuung darf aber nicht bedeuten, dass Lehrer von 8 bis 16 Uhr ausschließlich unterrichten. Ein umfassendes und auf die Bedürfnisse der Kinder abgestimmtes Angebot von Freizeitpädagogen, Sport- und Musiklehrern ist in einer Ganztagsschule unbedingt notwendig. Dazu fehlt aber vielfach gut ausgebildetes Personal. Auch im Falle der Nachmittagsbetreuer wählen die Länder eine billige Variante. Zudem eignen sich viele Schulgebäude nicht für eine ganztägige Betreuung, gerade in dicht bebauten Wohngebieten. Wenn Schüler bis zu acht Stunden im selben Raum sitzen und nur einen kleinen Hof zum Spielen zur Verfügung haben, gleicht dies eher einer Aufbewahrung. Investitionen in Personal und Räumlichkeiten werden nötig sein. Die Streitereien um mehr Geld, die auch hier zwischen Bund und Land stattfinden, kann ich nicht nachvollziehen. Wir geben viel Geld für unser Schulsystem aus. Nicht nur ich habe den Eindruck, dass dieses nicht besonders zielgerichtet verwendet wird. Vielleicht sollte man sich die Ausgaben des Bundes und der neun Länder einmal systematisch und genauer ansehen. Nicht um endlich den Sündenbock zu finden, warum wir ständig über Finanzen klagen, sondern um die Gelder dort einzusetzen, wo sie direkt zur Unterstützung von Schülern und Lehrern dienen.

10. Durchmischung und Förderung

Meine Überlegungen zur Durchmischung an Schulen stießen bei einigen Diskussionspartnern oft auf prinzipielle Ablehnung. Ich kann dies auch verstehen: Warum soll mein Kind einen weiteren Schulweg haben, damit sich andere besser integrieren können? Natürlich kann man Volksschüler nicht quer durch Wien oder Linz schicken, auch nicht mit dem Zug in die nächste Stadt fahren lassen. Warum man aber eben nach Österreich gekommene Kinder und Jugendliche nicht besser verteilt, sondern sie in Schulen gibt, die ohnehin eine schlechte Durchmischung haben, verstehe ich nicht. Lehrer an diesen Schulen beschweren sich zu Recht. Denn an gut durchmischten Schulen, in denen keine Gruppe dominiert, gibt es weniger Probleme mit Radikalisierungen von Schülern. In den Pausen wird zudem überwiegend Deutsch gesprochen. Es ist nun einmal unsere gemeinsame Sprache in Österreich. Die Integration in besser durchmischten Klassen ist immer deutlich besser. Der Druck auf muslimische Eltern, ihre Töchter am Schwimmunterricht oder an Projektwochen teilnehmen zu lassen, ist größer, wenn alle anderen Schülerinnen mitmachen.

In einigen Wiener Bezirken ist eine Durchmischung der Schulen nur mehr schwer möglich. Diese Schulen brauchen unbedingt mehr Ressourcen. In Klassen, wo 25 Schüler Sprachprobleme haben, aus sozial schwierigen Verhältnissen kommen und sich überwiegend in ihrer Muttersprache unterhalten, können keine Fortschritte erzielt werden. Hier sollte es kleinere Lerngruppen geben, angepasst an das jeweilige Lernniveau der Schüler. In vielen Brennpunktschulen ist es nötig, einen anderen Geist hereinzubringen. Dass die Lehrpläne zurzeit reformiert und unterschiedlich gestaltet werden, ist ein Schritt in die richtige Richtung. Leistung muss in unserer Gesellschaft wieder positiv besetzt werden. Gerade junge Menschen wollen, dass man ihnen etwas zutraut. Dies bedeutet allerdings auch, wieder mehr von Schülern und Eltern einzufordern. Die Schule bietet individuelle Förderung und Unterstützung an, im Gegenzug darf sie Leistung verlangen. Gerade dieser Ansatz ist in den letzten Jahren verloren gegangen, oder er wurde ideologisch negativ besetzt.

Auch eine Brennpunktschule kann dies einfordern. Die Schüler sind nicht dumm, also spricht nichts dagegen, dass sie mehr leisten können. Allein durch die Einführung der gemeinsamen Schule wird das Problem der fehlenden Durchmischung nicht gelöst werden. Das zeigt die Situation an einigen Wiener Gymnasien, die eigentlich einer Gesamtschule ähnlich sind; ohne zusätzliche Ressourcen selbstverständlich. Wo nicht durchmischt werden kann, muss, neben mehr Unterstützung, eine andere Richtung eingeschlagen werden. Es braucht flexiblere Konzepte an den unterschiedlichen Schulen. Lehrer sollten mehr autonom gestalten können. Denn wenn das Lehrerteam einen gemeinsamen Plan hat, sind die Aussichten auf Erfolg deutlich höher.

NACHWORT

Das Jahr als Ombudsfrau und die vielen Besuche an Österreichs Brennpunktschulen hinterlassen bei mir keinen positiven Eindruck. Natürlich gab es einige Schulen, in denen auch familiäre Probleme der Schüler gelöst werden konnten. Insgesamt überwog bei vielen Lehrern und Leitern allerdings die Sorge. Fast jeder Pädagoge, mit dem ich gesprochen hatte, stellte sich die Fragen: Was soll aus diesen Kindern einmal werden? Wie werden sich die schlechten Deutschkenntnisse auf die Berufschancen der jungen Menschen auswirken? In welche Richtung wird sich diese Gesellschaft, angesichts einer zunehmend perspektivlosen jungen Generation, entwickeln? Werden noch mehr Parallelgesellschaften entstehen? Werden wir Lehrer in Zukunft immer mehr zu Sozialarbeitern?

Der Wunsch, manchmal auch Auftrag, an mich war klar: „Bitte schreiben Sie, dass die Politik endlich handeln muss. Es braucht eine Bildungsrevolution. Mit diesen ideologischen Konflikten muss endlich Schluss sein. Wenn ein anderer Bildungsminister kommt, beginnt der ganze Zirkus wieder von vorne. Passieren wird dann leider wieder nicht viel." Oft hätte ich gerne widersprochen, doch ich teile diese Erkenntnis. Als vieles auf eine türkis-grüne Regierung hinwies, wurde ich mehrmals darauf angesprochen, ob wir nun erstmals einen grünen Bildungsminister bekommen könnten und was das für Brennpunktschulen bedeuten würde. Viele Lehrer hatten in dieser Hinsicht Bedenken: „Wenn die Grünen den Ton in der Bildung angeben, wird noch mehr Verantwortung auf uns Lehrer abgewälzt. Eltern werden noch weniger in die Pflicht genommen. Unsere Schüler sind den Grünen sowieso egal. Sie haben ihre Kinder in anderen Schulen und kümmern sich wenig darum, ob ein Mädchen zwangsverheiratet wird."

Als der Bericht der Ombudsstelle in die Endphase ging, dachte ich mir sehr oft: Auch wenn diese Zustandsbeschreibung keine großen Veränderungen und Reformen auslösen wird, wird nun niemand mehr behaupten können, dass Zwangsverheiratung, Missbrauch, Genitalverstümmelung, Indoktrinierung in Moscheen und Gewalterfahrungen der Kinder in ihren Familien nur „Einzelfälle" sind. Gleichzeitig war mir bewusst: Die Probleme, die nicht sein dürfen, müssen kleingeredet werden. Vor allem Menschen aus dem politisch „linken Lager" würden sich wieder etwas Neues einfallen lassen, um dies zu erreichen. Mit dieser vermeintlich politisch korrekten Haltung nimmt man die Situation der betroffenen Kinder nicht ernst. Doch das wird oft nicht bedacht. Ein vernünftiger Umgang mit kulturellen und religiösen Konflikten ist bei der derzeitigen politischen Lage nicht möglich. Berichtete ich einem Mitarbeiter von SOS Mitmensch oder ZARA (dem Verein für Zivilcourage und Anti-Rassismus-Arbeit) über genitalverstümmelte somalische Mädchen, die von ihren Familien als Schlampen bezeichnet werden, weil sie den Hijab abnehmen wollen, landete das Gespräch mitunter bei der FPÖ und Österreichs erzkatholischer Vergangenheit.

Auch ich halte rechtes und erzkatholisches Gedankengut für problematisch. Allerdings hilft diese Diskussion Mädchen, die in unseren Klassen von Zwangsverheiratung und Missbrauch betroffen sind, absolut nichts.

Sehr beeindruckend waren die Begegnungen mit Frauen und Männern, die aus dem streng muslimischen Umfeld ausbrechen wollten oder dies bereits getan hatten. Alle bestätigten die Schilderungen aus unserem Buch „Kulturkampf im Klassenzimmer". Oft erzählten sie von ihren eigenen Erlebnissen. Diese übertrafen die Erzählungen meiner Schüler manchmal noch. Eine türkische Frau berichtete, dass sie, weil sie in der Hochzeitsnacht nicht blutete, in den Sommerferien in der Türkei auf einen Esel gebunden und durch das Dorf ihres Ehemanns getrieben wurde. Dabei spuckten alle Dorfeinwohner auf sie. Dies sei eine übliche Bestrafungsmethode in Anatolien. Sie schaffte es, ihr Leben in Wien unabhängig zu leben. Doch wie viele andere schaffen dies nicht?

Ein islamischer Religionslehrer wiederum, der aufgrund seiner liberalen Einstellung große Probleme in seiner Community hat, meinte: „Wenn man diese radikalen Moscheen nicht auflöst, wird man keine Veränderung erreichen. Der österreichische Staat macht einen großen Fehler, wenn er ihnen so viel Raum lässt." Die Analysen der ehemaligen oder liberalen Muslime fielen viel härter aus als jene von Kritikern der Mehrheitsgesellschaft. Ich war oftmals erschüttert, weil ich die Angst und Ausweglosigkeit spürte, als die Betroffenen ihre Geschichten erzählten. Zugleich nahm ich auch eine große Stärke wahr, die von ihnen ausging. Es ist schwer, in muslimischen Communitys gegen den Strom zu schwimmen. Natürlich hätte ich mir gewünscht, dass einer dieser Menschen öffentlich spricht und erzählt, was wirklich passiert. Ich verstehe aber, warum sie es nicht tun. Der Preis wäre einfach zu hoch.

Die Geschichten über Zwangsverheiratung, Bedrohung, sexuellen Missbrauch und körperliche Gewalt haben auch mich belastet. Einerseits verspürte ich den dringenden Wunsch, diesen Menschen zu helfen, andererseits wusste ich, dass ich außer ihnen zuzuhören und die Schilderungen im Bericht zu dokumentieren nicht viel für sie tun konnte. Sehr oft fühlte ich mich ohnmächtig. Häufig war ich verärgert. All diese Relativierer und Verteidiger der angeblich gelungenen Integration, die sich überwiegend im linken Lager finden, negieren die Schicksale dieser Menschen.

Noch mehr war ich über politisch Verantwortliche empört. Viele sind sich der Probleme zwar bewusst, denken jedoch vor allem in Legislaturperioden. Der Stillstand in der Bildungspolitik wird schon seit Jahren so gut es geht durch Lehrer und Kinderpädagogen ausgeglichen. Jetzt kippt die Situation an vielen Orten. Die rasante Veränderung der Gesellschaft, die kulturellen Konflikte in Brennpunktschulen, das immer schlechter werdende Leistungsniveau und der Personalmangel bringen das System drastisch ins Wanken. Es ist ernüchternd mitzuerleben, wie Lehrer und Schulleiter, in den Ländern wie im Bund, nichts mehr von ihren direkten Vorgesetzten erwarten. „Sie versuchen alle ihre eigenen

Schäfchen ins Trockene zu bringen. Neue Regierung, neuer Minister, und wir beginnen wieder bei null. Den Kindern ist dabei nicht geholfen."

Es ist traurig zu sehen, wie sehr vor allem engagierte Pädagogen ausbrennen und gesundheitliche Probleme bekommen. Ebenso unerträglich war es zu erleben, wie gefangen viele Lehrer in ihrem parteipolitischen Korsett sind. Lehrer wandten sich sehr oft in Einzelgesprächen an mich. Sie erzählten von Schülern und den Mängeln dieses Systems. Traf ich diese zufällig bei Schulbesuchen wieder, wurde die Situation plötzlich anders dargestellt. Im Vordergrund stand, und dies vor allem bei Wiener Lehrern und Schulleitern, die Frage: Wie gehe ich professionell damit um, dass ich die Situation der Kinder und Jugendlichen nicht ändern kann? Diese Sichtweise ist äußerst pragmatisch und individuell auch nachvollziehbar. Ich kann sie nur überhaupt nicht akzeptieren. Als Pädagogin sehe ich mich nicht allein in der Verantwortung, den Schülern den Lehrstoff beizubringen. Unsere Jugend ist die Zukunft dieser Gesellschaft. Bei falschen Entwicklungen, die sich nun einmal zuerst an Schulen zeigen, ist es die Aufgabe von Lehrern und Lehrergewerkschaftern, auf sie aufmerksam zu machen. Das habe ich versucht. Als Lehrerin, Personalvertreterin wie auch als Leiterin der Ombudsstelle.

Mein Resümee ist allerdings vor allem für mich persönlich ernüchternd. Wenn wir nicht grundlegend reformieren, auch dort, wo Lehrer, Eltern und Schüler nicht zufrieden sein könnten, verlieren wir einen großen Teil unserer nächsten Generation. Ich werde nie verstehen, warum wir als Staat so zögerlich sind, im Sinne der gesamten Gesellschaft das Bildungssystem umzugestalten. Die vielen ideologisch motivierten „Reförmchen" verschlingen oftmals nur viel Steuergeld, ohne dabei messbare Erfolge zu erzielen.

Wo mich mein beruflicher Weg nach Erscheinen dieses Buches hinführt, weiß ich noch nicht. Natürlich werde ich mir durch die klaren und ehrlichen Worte Feinde machen. Und genauso werde ich von Personen, mit denen mich weder gesellschaftlich noch politisch irgendetwas verbindet, Zuspruch erhalten. Doch all das ist für mich nicht wichtig. Was wirklich zählt, sind die Probleme dieser unzähligen Kinder und Jugendlichen. Der Lehrer ist in erster Linie Wissensvermittler, nicht Sozialarbeiter. Trotzdem beinhaltet für mich der Lehrberuf, sensibel dafür zu sein, woran es wirklich krankt, sei es im familiären Umfeld der Kinder oder im gesamten System. Dass das so ist, bestreitet fast niemand mehr. Es ist höchste Zeit, ideologische Gräben zu überwinden und parteipolitische Machtkämpfe zu beenden. Wir müssen uns in Bewegung setzen und die Probleme in unseren Schulen endlich gemeinsam anpacken. ●●

.

ZAHLEN, DATEN, FAKTEN

Die von Susanne Wiesinger geschilderten Probleme in Schulen sind keine Einzelfälle. Das zeigen nicht nur die vielen Gespräche mit Lehrern und Leitern aller Bundesländer und Schultypen, sondern auch die offiziellen Zahlen und Daten. Abhängig von Lage und Größe der Schule sowie von der sozialen und kulturellen Zusammensetzung der Schülerschaft treten die Probleme an immer mehr Schulen in Österreich mit unterschiedlicher Intensität zutage. Die Folgen von Sprachdefiziten und Religiosität sind an allen Schulen in Österreich spürbar. Am angespanntesten ist die Situation an öffentlichen Schulen in Ballungsräumen. Dort steigt seit Jahren der Anteil der Schüler mit nichtdeutscher Umgangssprache. Besonders dramatisch ist die Situation in Wiener Volksschulen: Hier sprechen bereits 59 Prozent aller Kinder im Alltag kein Deutsch mehr. Auch wenn die Schulsituation in vielen Bundesländern (noch) nicht mit Wien vergleichbar ist, so ist beim Blick auf die folgenden Daten eine eindeutige Annäherung erkennbar.

Umgangssprache an öffentlichen Schulen in Landeshauptstädten 2017/18

Anteil je Umgangssprache

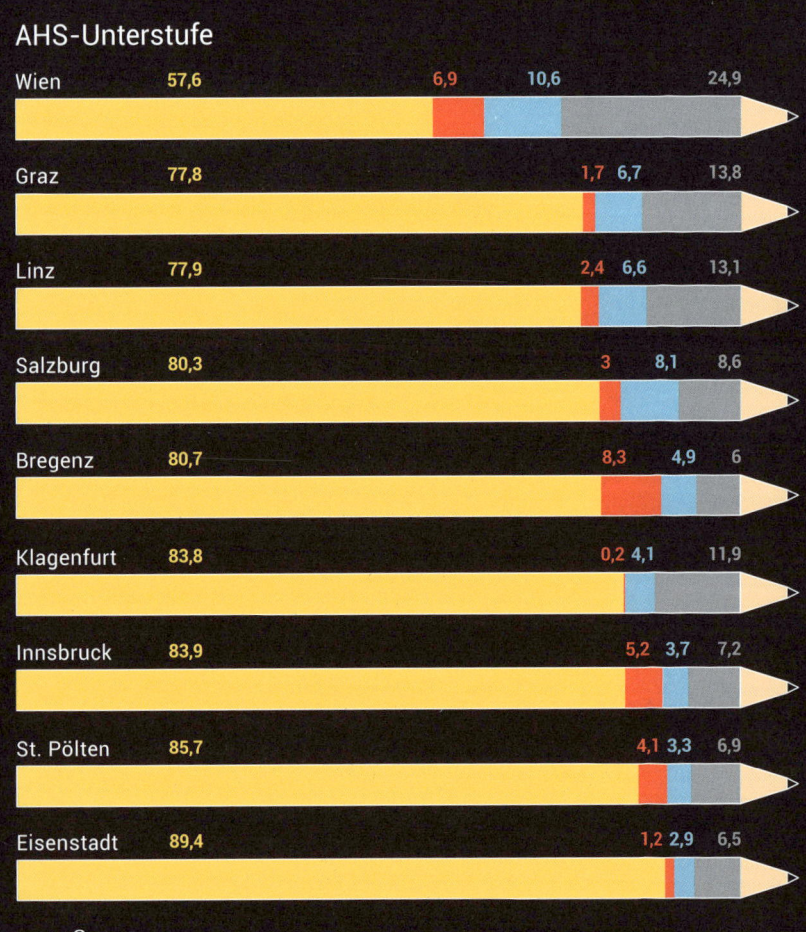

AHS-Unterstufe

Wien	57,6	6,9	10,6	24,9
Graz	77,8	1,7	6,7	13,8
Linz	77,9	2,4	6,6	13,1
Salzburg	80,3	3	8,1	8,6
Bregenz	80,7	8,3	4,9	6
Klagenfurt	83,8	0,2	4,1	11,9
Innsbruck	83,9	5,2	3,7	7,2
St. Pölten	85,7	4,1	3,3	6,9
Eisenstadt	89,4	1,2	2,9	6,5

Zahlen in

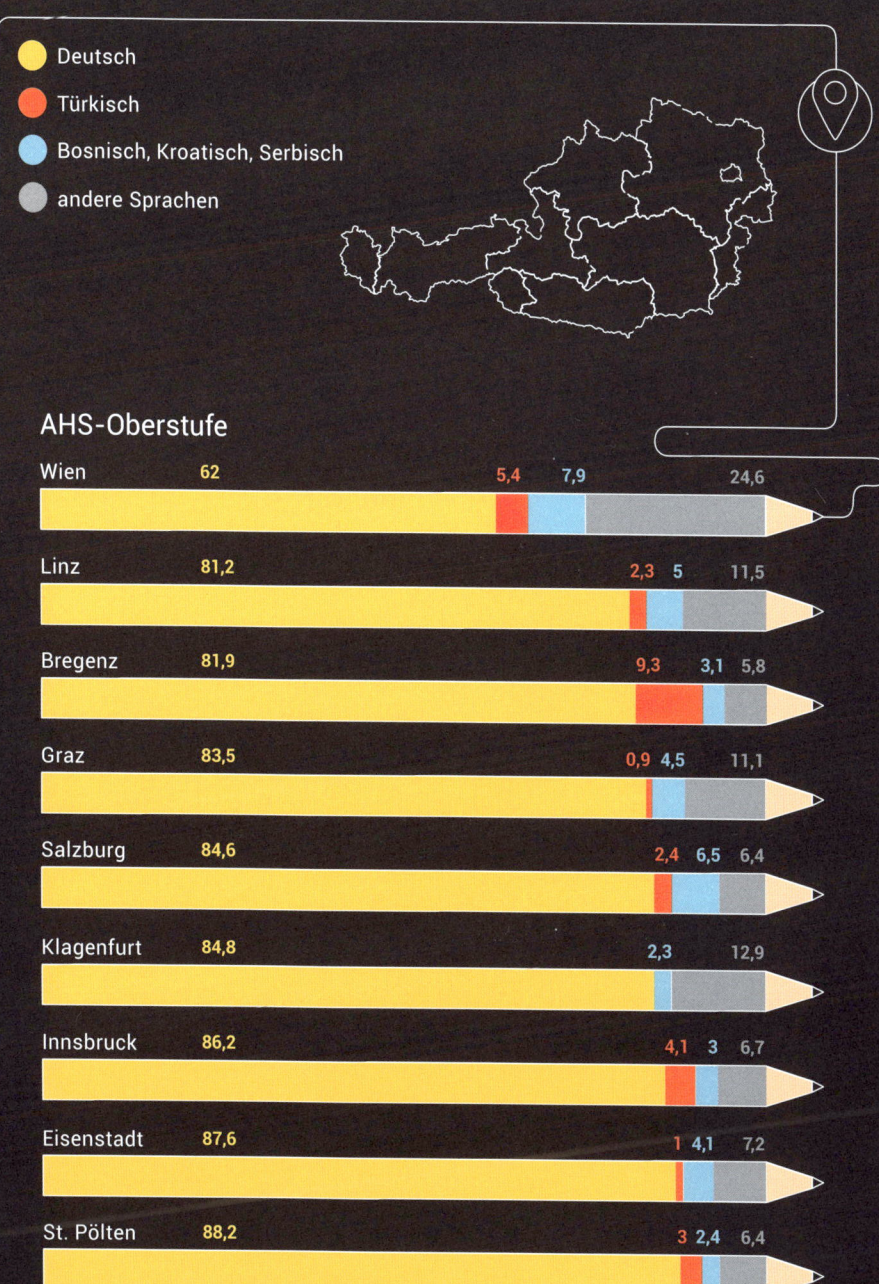

- Deutsch
- Türkisch
- Bosnisch, Kroatisch, Serbisch
- andere Sprachen

AHS-Oberstufe

Wien 62   5,4   7,9   24,6

Linz 81,2   2,3   5   11,5

Bregenz 81,9   9,3   3,1   5,8

Graz 83,5   0,9   4,5   11,1

Salzburg 84,6   2,4   6,5   6,4

Klagenfurt 84,8   2,3   12,9

Innsbruck 86,2   4,1   3   6,7

Eisenstadt 87,6   1   4,1   7,2

St. Pölten 88,2   3   2,4   6,4

199

Umgangssprache an öffentlichen Schulen in Landeshauptstädten 2017/18

Anteil je Umgangssprache

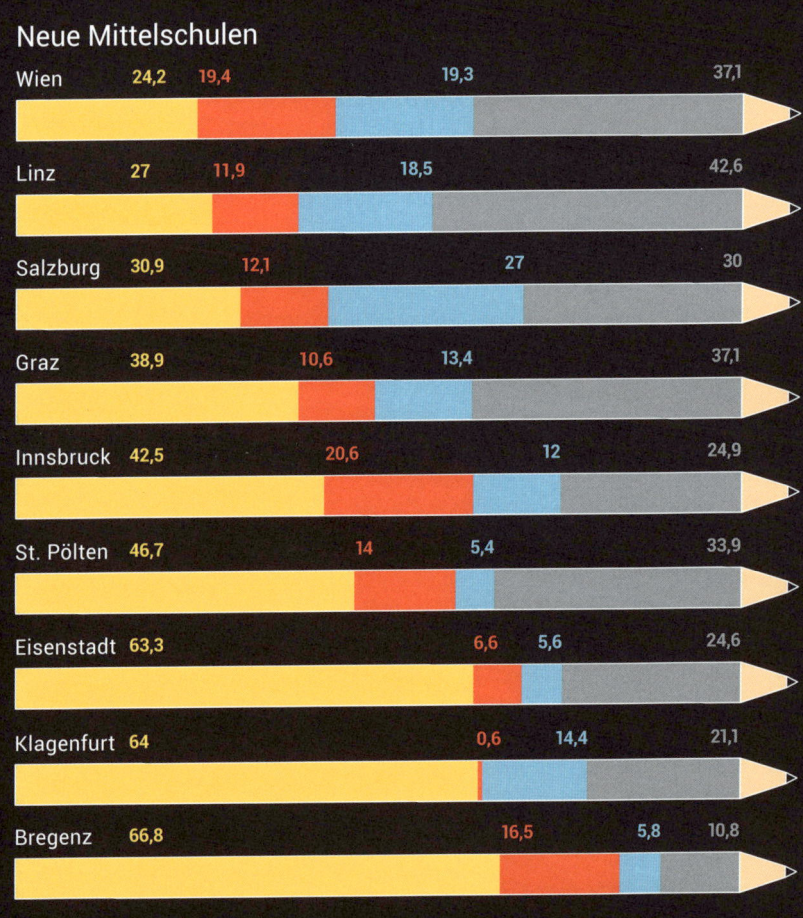

Neue Mittelschulen

Wien 24,2 19,4 19,3 37,1

Linz 27 11,9 18,5 42,6

Salzburg 30,9 12,1 27 30

Graz 38,9 10,6 13,4 37,1

Innsbruck 42,5 20,6 12 24,9

St. Pölten 46,7 14 5,4 33,9

Eisenstadt 63,3 6,6 5,6 24,6

Klagenfurt 64 0,6 14,4 21,1

Bregenz 66,8 16,5 5,8 10,8

200

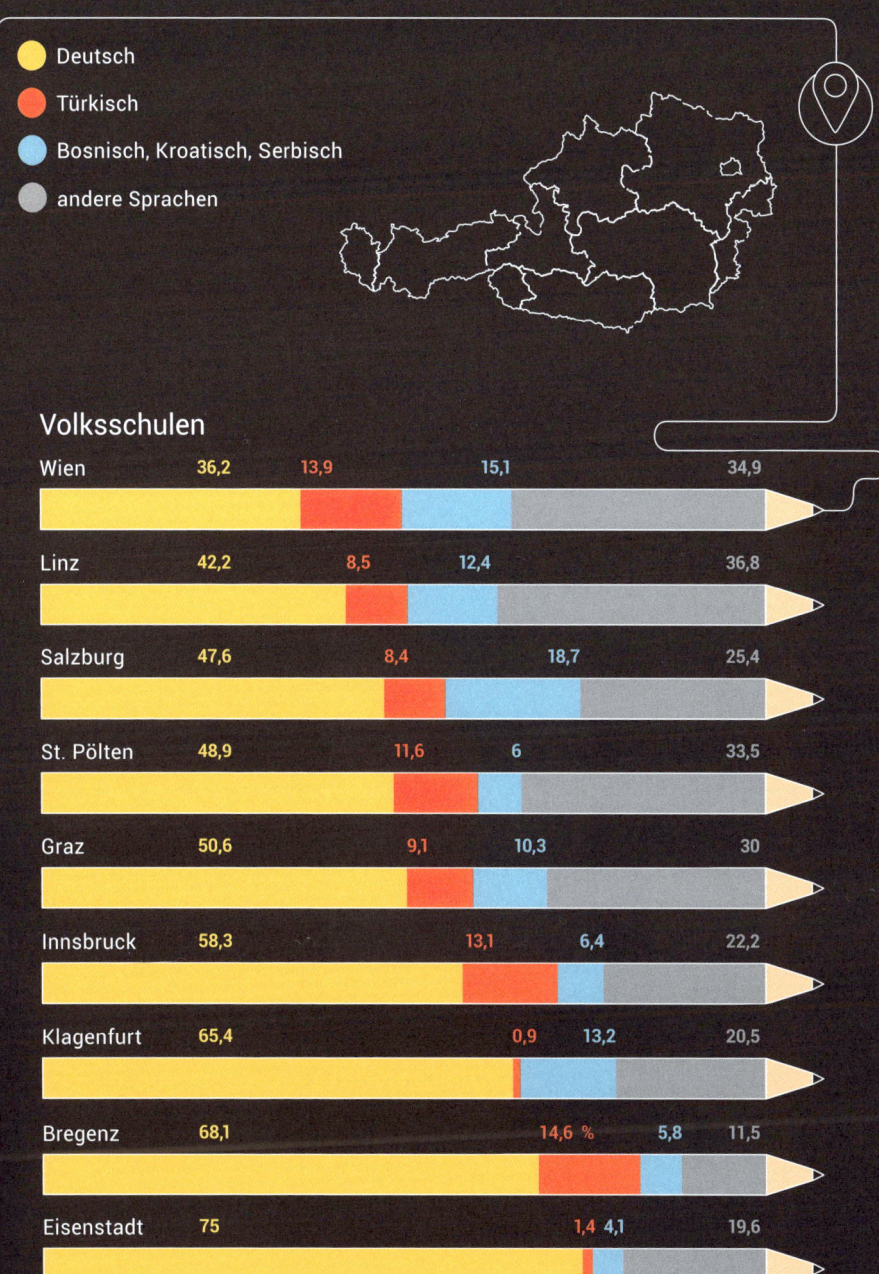

Volksschulen

Legend:
- 🟡 Deutsch
- 🔴 Türkisch
- 🔵 Bosnisch, Kroatisch, Serbisch
- ⚪ andere Sprachen

Stadt	Deutsch	Türkisch	Bosnisch, Kroatisch, Serbisch	andere Sprachen
Wien	36,2	13,9	15,1	34,9
Linz	42,2	8,5	12,4	36,8
Salzburg	47,6	8,4	18,7	25,4
St. Pölten	48,9	11,6	6	33,5
Graz	50,6	9,1	10,3	30
Innsbruck	58,3	13,1	6,4	22,2
Klagenfurt	65,4	0,9	13,2	20,5
Bregenz	68,1	14,6 %	5,8	11,5
Eisenstadt	75	1,4	4,1	19,6

201

Umgangssprache von Volksschülern je Bundesland

Schulstatistik 2018/2019. Umgangssprache:
im Alltag gebrauchte Sprache des Schülers

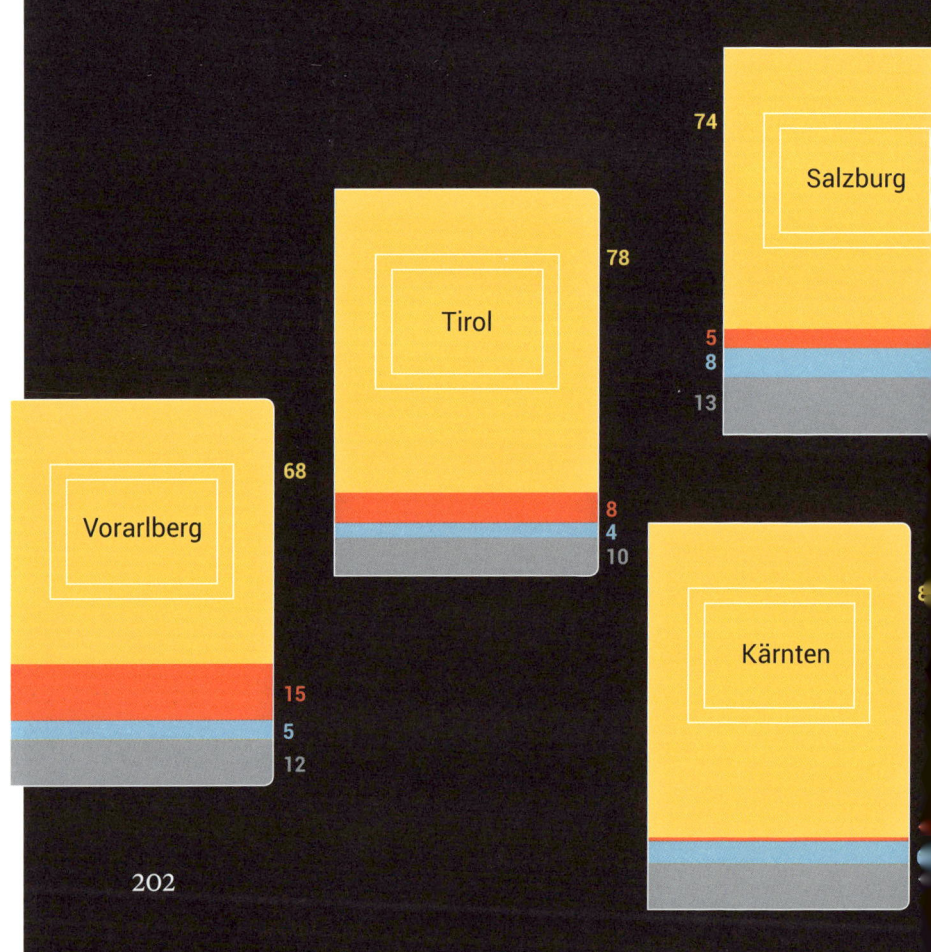

74 Salzburg

5
8
13

78 Tirol

8
4
10

68 Vorarlberg

15
5
12

Kärnten

8

Zahlen in

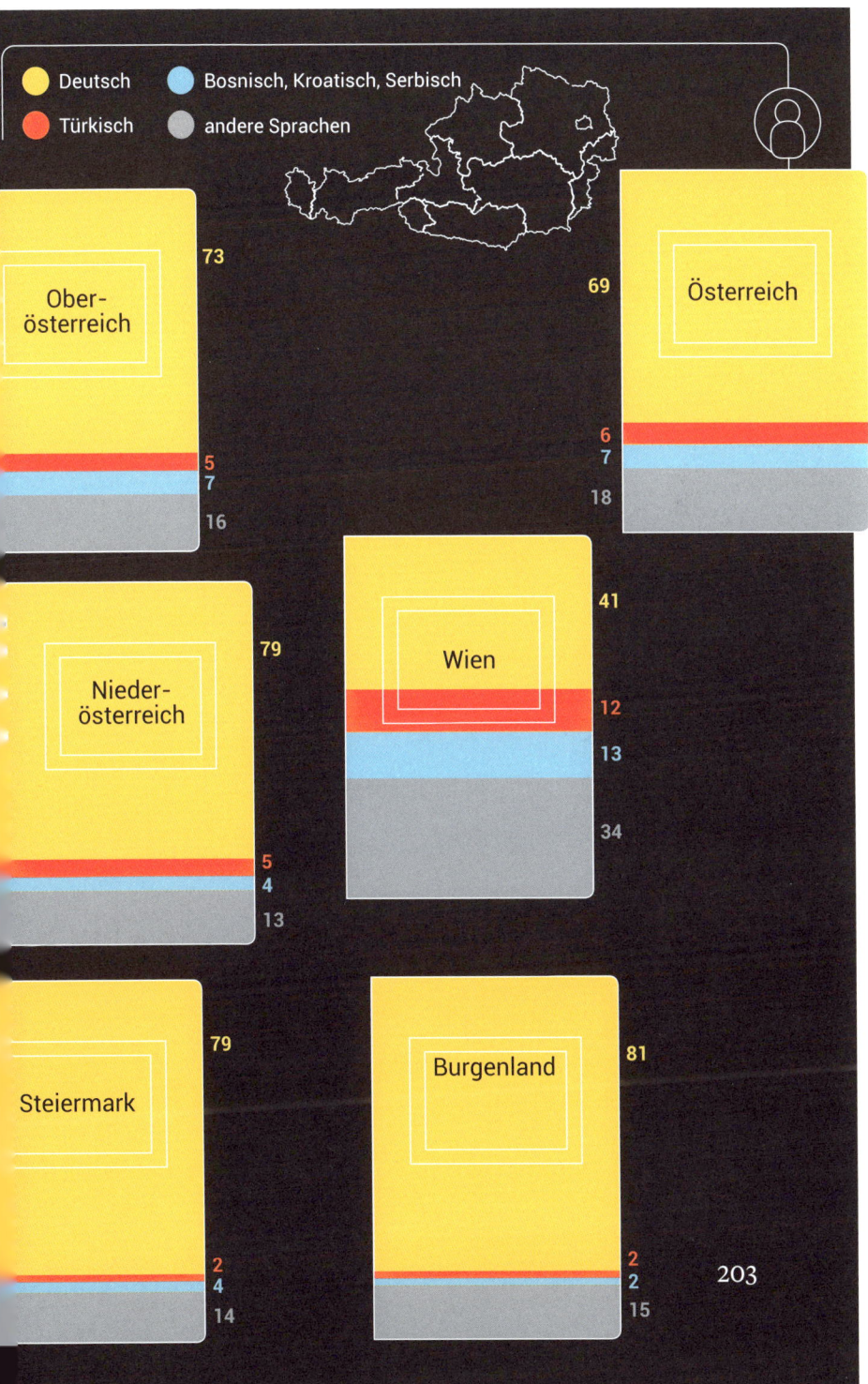

Deutsch
Türkisch
Bosnisch, Kroatisch, Serbisch
andere Sprachen

Oberösterreich
73
5
7
16

Österreich
69
6
7
18

Niederösterreich
79
5
4
13

Wien
41
12
13
34

Steiermark
79
2
4
14

Burgenland
81
2
2
15

203

Anteil der Schüler in Volksschulen mit nichtdeutscher Umgangssprache im Vergleich 2008 mit 2018

Schulstatistik 2018/19. In Prozentpunkten die Veränderung des Anteils der Schüler mit nichtdeutscher Umgangssprache.

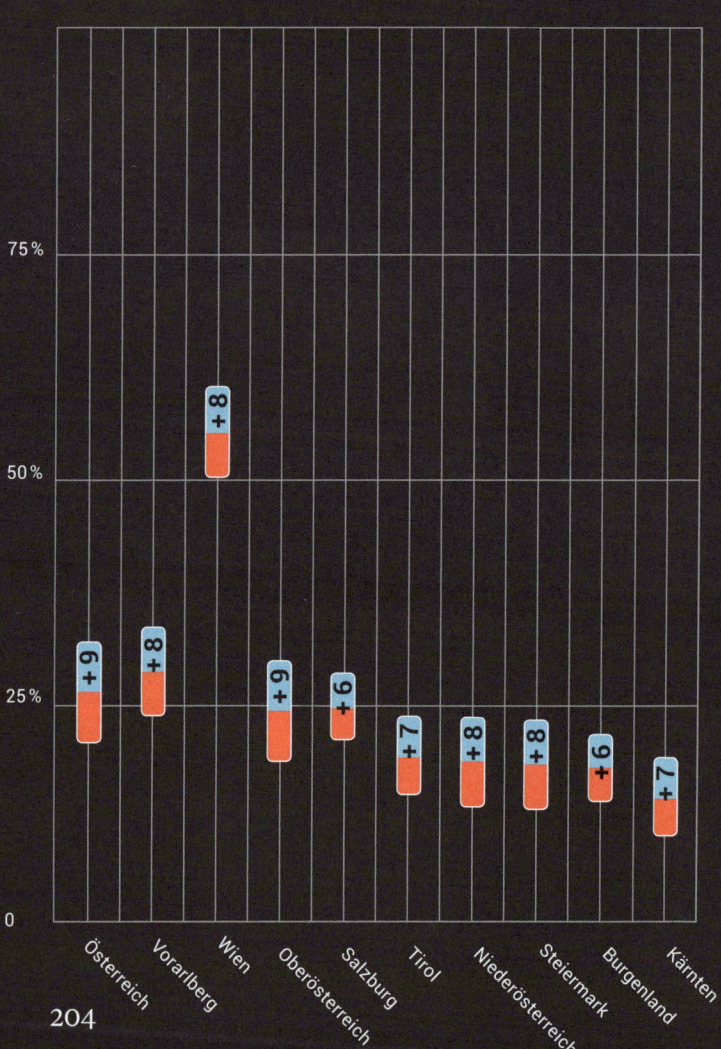

Entwickung der Zahl der Schüler nach Umgangssprache

an öffentlichen AHS-Unterstufen/-Oberstufen und Neuen Mittelschulen

Deutsch

− 26 %

191.915 (2008) 142.185 (2018)

2008 2018

− 8 %

83.886 (2008) 77.238 (2018)

2008 2018

− 9 %

44.423 (2008) 40.270 (2018)

2008 2018

Nichtdeutsch

+ 39 %

49.515 (2008) 68.720 (2018)

2008 2018

+ 40 %

15.046 (2008) 21.081 (2018)

2008 2018

+ 59 %

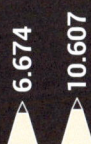

6.674 (2008) 10.607 (2018)

2008 2018

🔴 Neue Mittelschule

⚪ AHS-Unterstufe

🟡 AHS-Oberstufe

205

Anteil der Schüler in Schulen mit sozialer Belastung 2018

Daten für allgemeinbildende Pflichtschulen

Der Index beruht auf vier Faktoren:
- Berufsstatus der Eltern
- Anteil der Schüler, deren Eltern maximal Pflichtschulabschluss haben
- Anteil der Schüler mit Migrationshintergrund
- Anteil der Schüler mit ausschließlich anderer Erstsprache als Deutsch

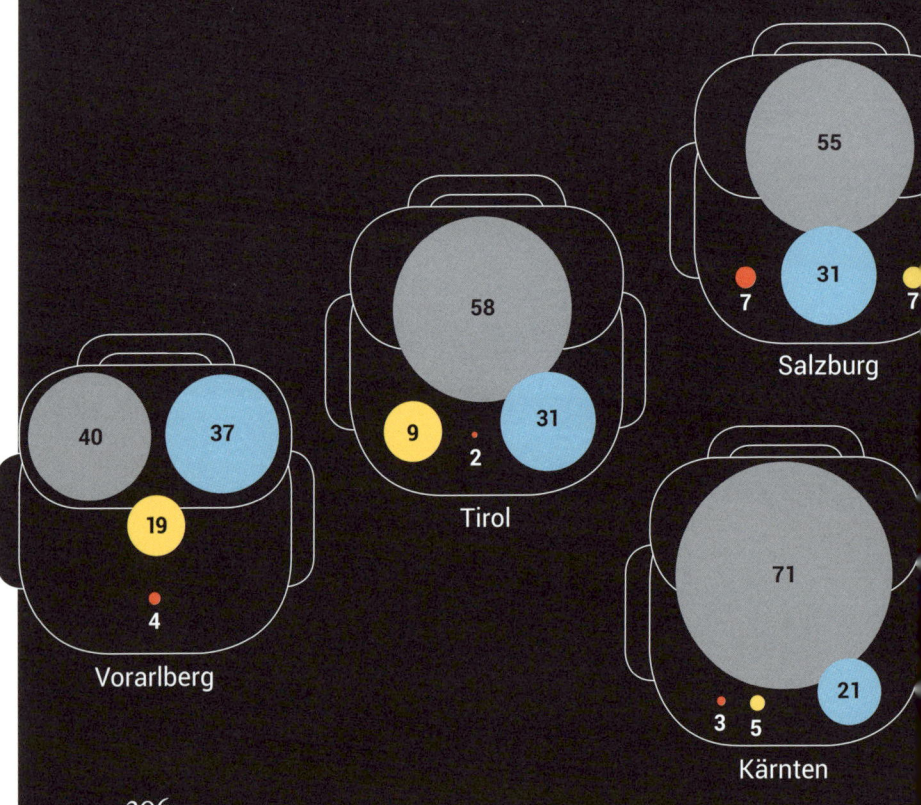

Salzburg

55 · 31 · 7 · 7

Tirol

58 · 31 · 9 · 2

Vorarlberg

40 · 37 · 19 · 4

Kärnten

71 · 21 · 3 · 5

Zahlen in

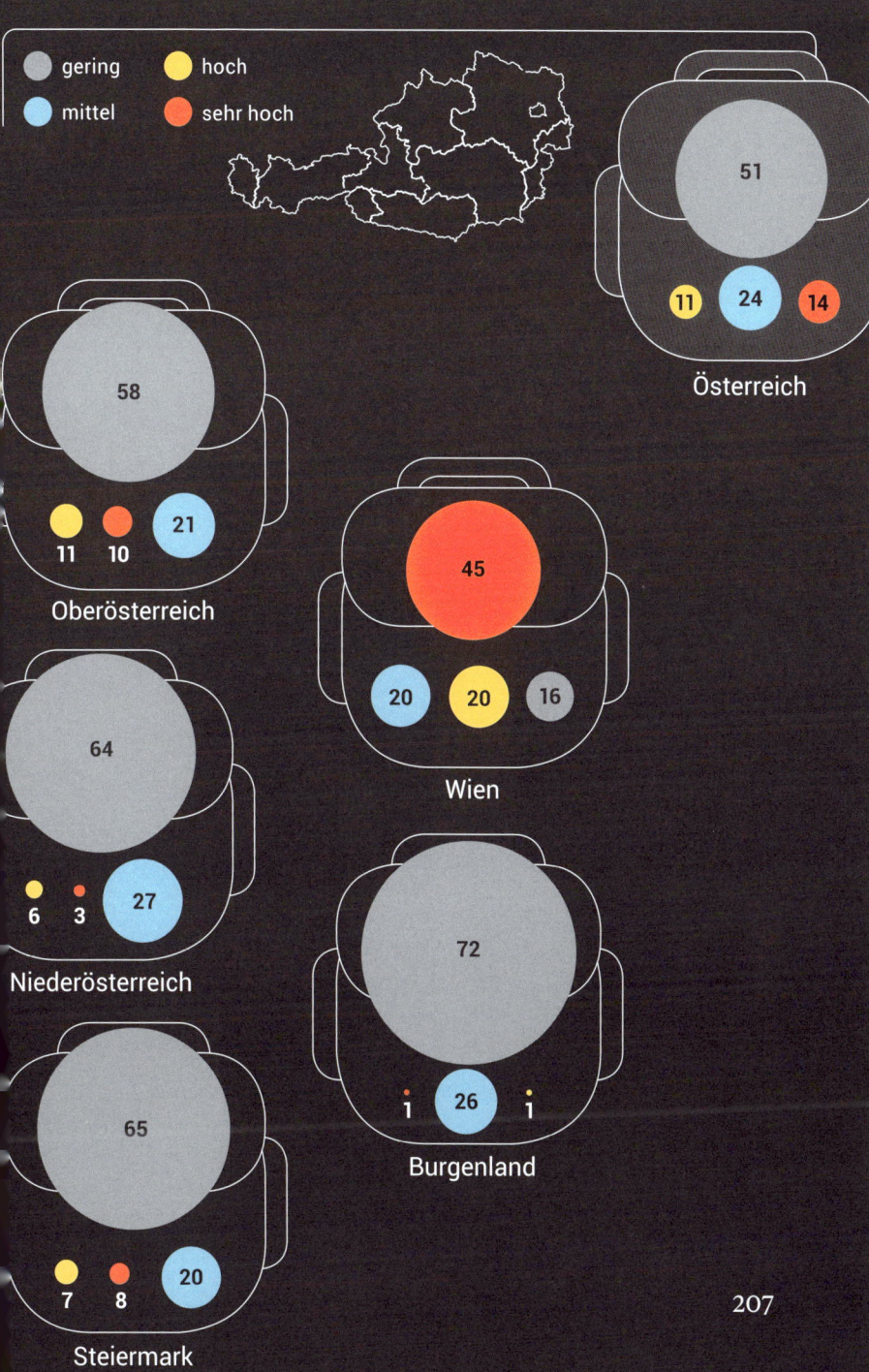

gering hoch
mittel sehr hoch

Österreich
51
11 24 14

Oberösterreich
58
11 10 21

Niederösterreich
64
6 3 27

Steiermark
65
7 8 20

Wien
45
20 20 16

Burgenland
72
1 26 1

207

Anteil ausländischer Schüler in Österreichs Landeshauptstädten

Anteil nicht österreichischer Staatsbürger unter allen Schülern je Schultyp 2018/19

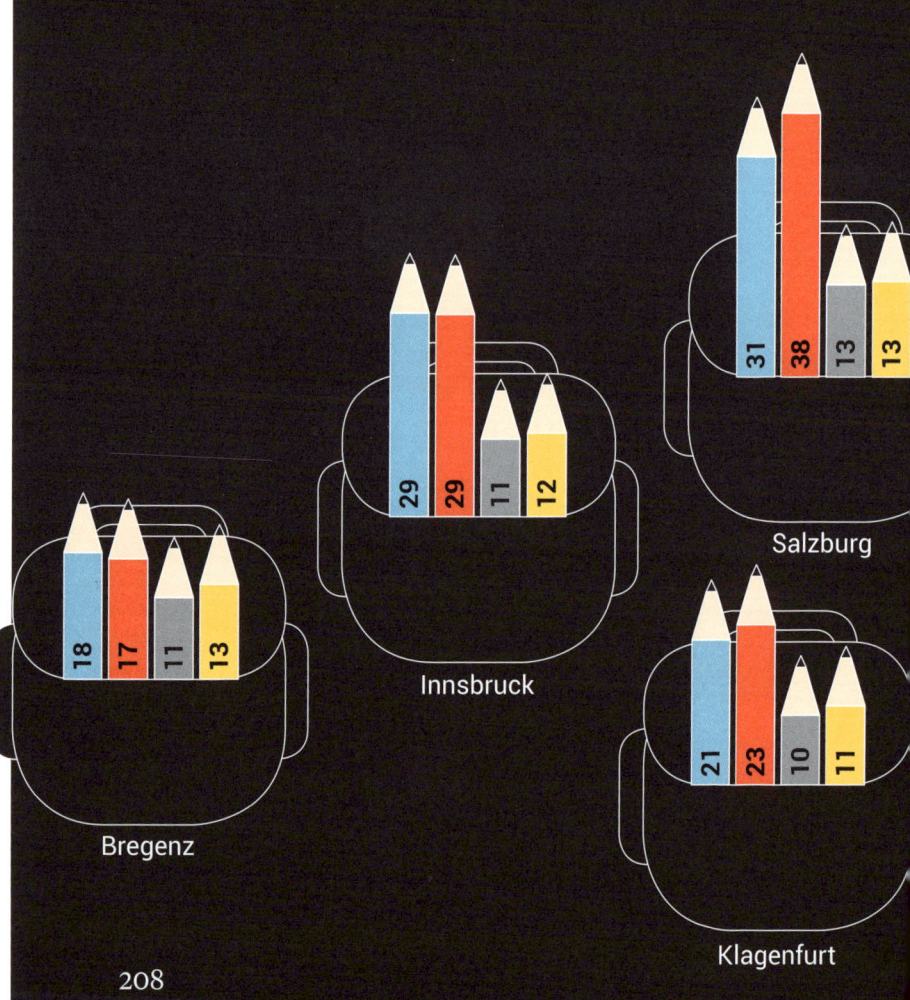

Bregenz

Innsbruck

Salzburg

Klagenfurt

Zahlen in

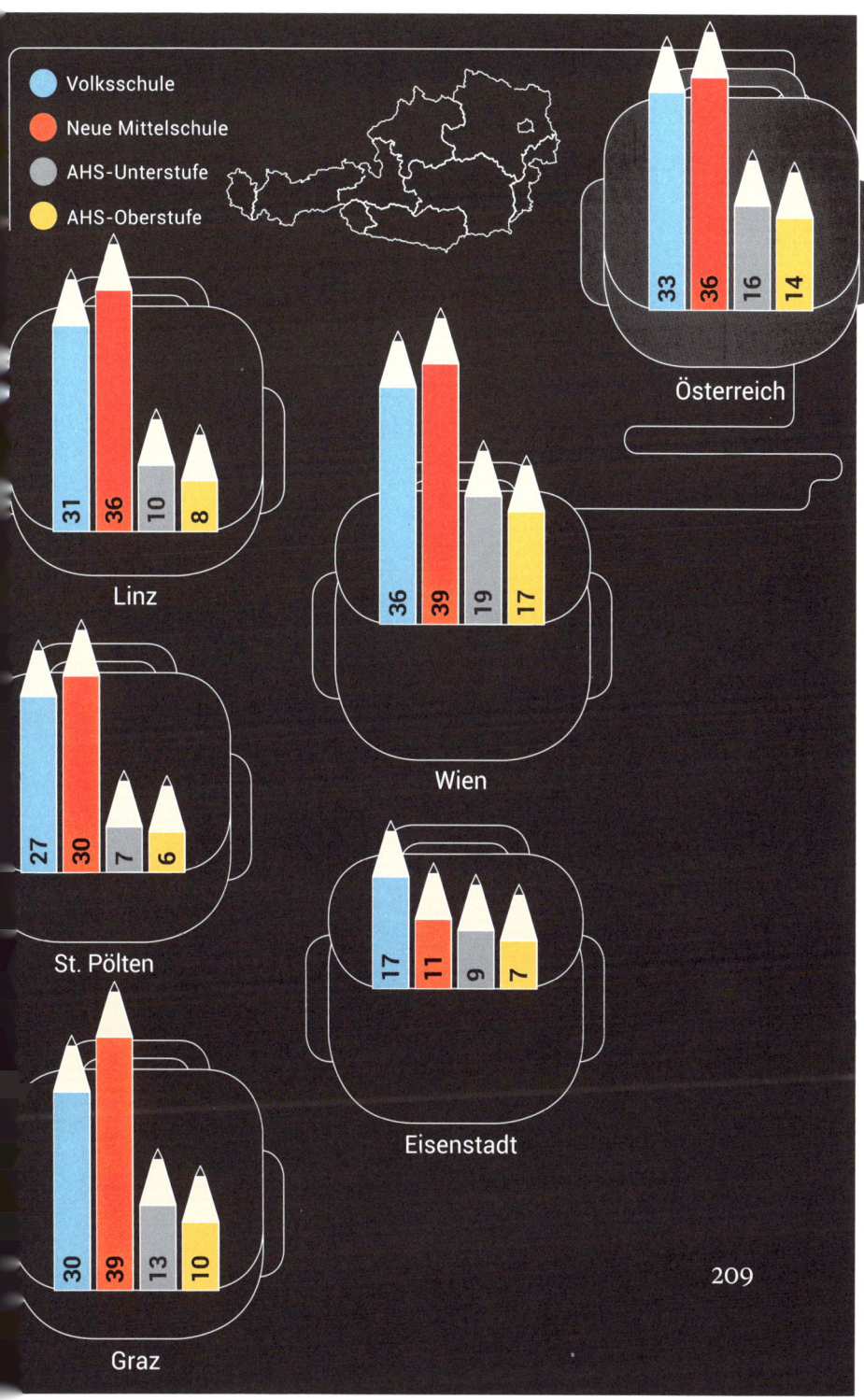

Volksschule
Neue Mittelschule
AHS-Unterstufe
AHS-Oberstufe

Österreich
33 | 36 | 16 | 14

Linz
31 | 36 | 10 | 8

Wien
36 | 39 | 19 | 17

St. Pölten
27 | 30 | 7 | 6

Eisenstadt
17 | 11 | 9 | 7

Graz
30 | 39 | 13 | 10

209

Anteil der Schüler mit Migrationshintergrund in der vierten Schulstufe je Bundesland

**Migrationshintergrund: beide Eltern im Ausland geboren.
Kinder mit Eltern aus Deutschland sind nicht enthalten.**

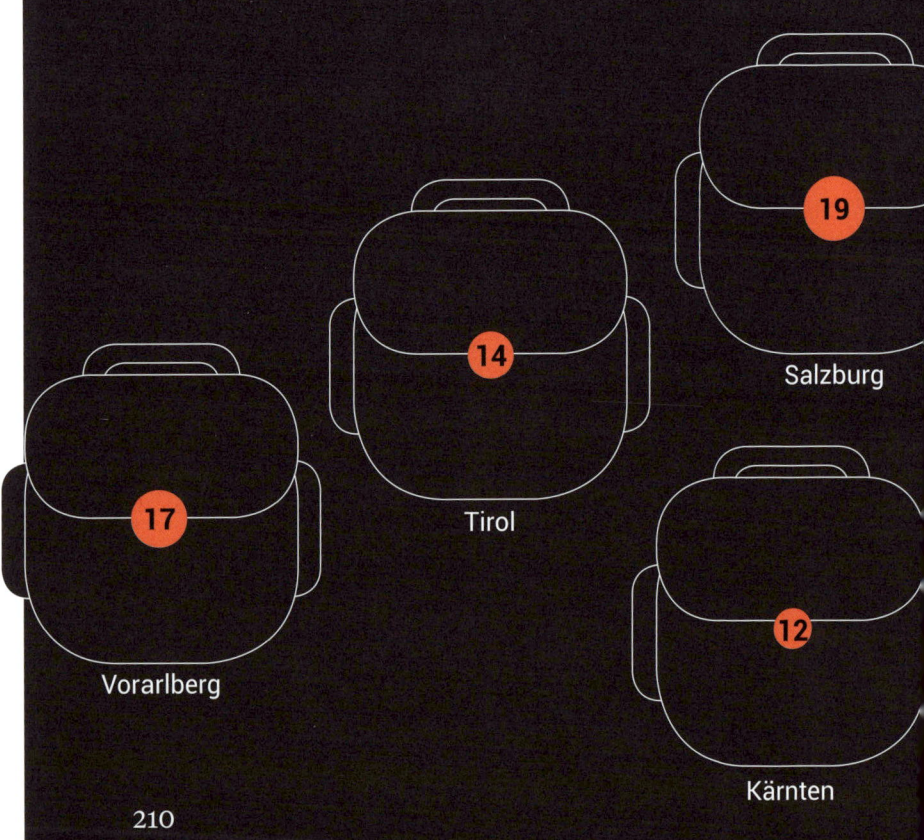

19

Salzburg

14

Tirol

17

Vorarlberg

12

Kärnten

Zahlen in

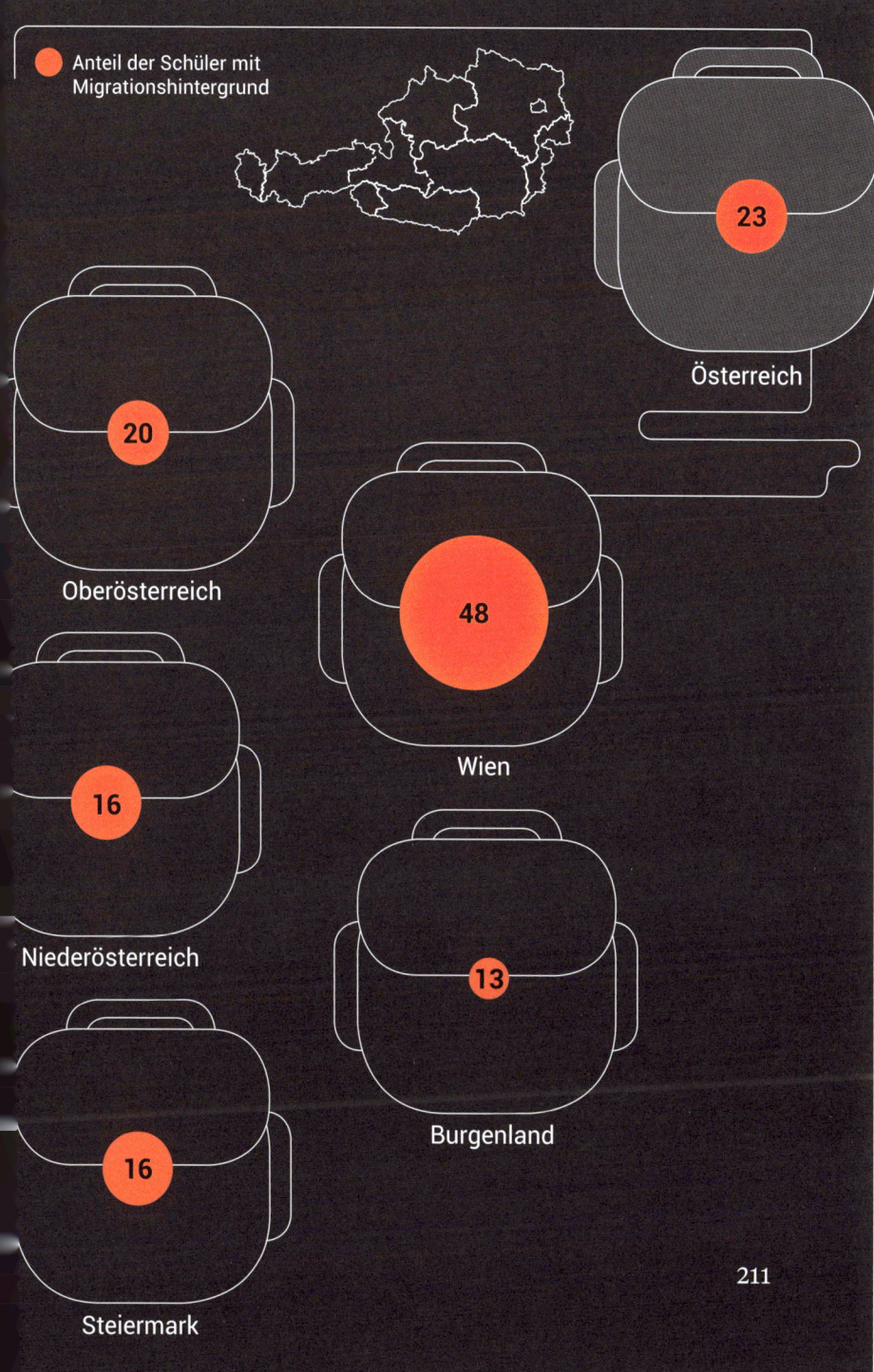

Anteil der Schüler mit Migrationshintergrund

23 Österreich

20 Oberösterreich

48 Wien

16 Niederösterreich

13 Burgenland

16 Steiermark

211

Nicht aufstiegsberechtigte Schüler in berufsbildenden höheren Schulen nach Bundesland

Anteil der Schüler, die am Ende des Schuljahrs 2016/17 insgesamt nicht aufstiegsberechtigt waren.

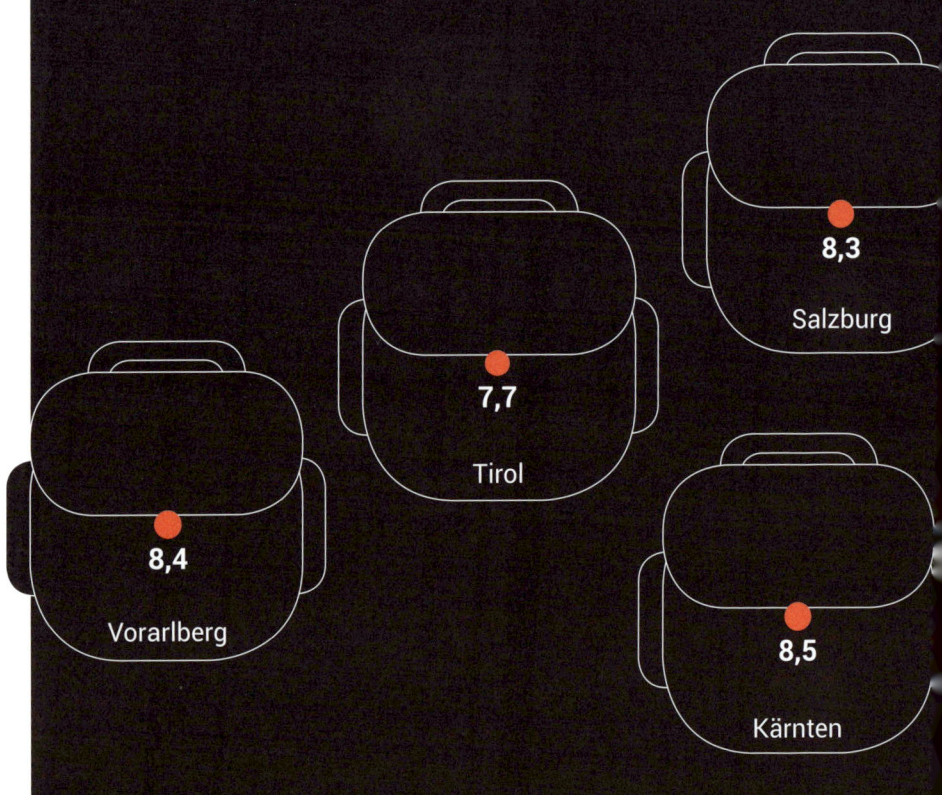

8,3

Salzburg

7,7

Tirol

8,4

Vorarlberg

8,5

Kärnten

Zahlen in

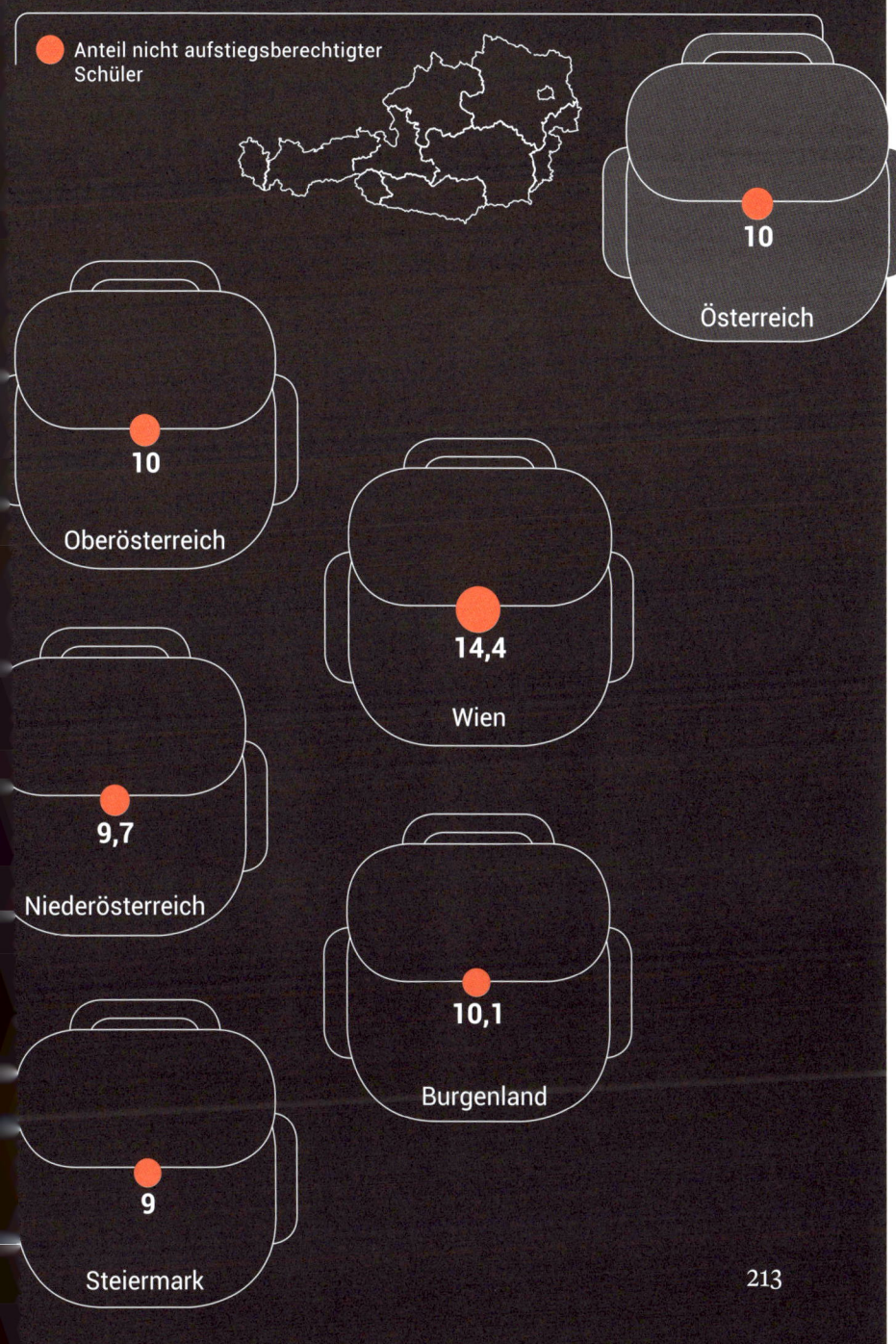

Anteil nicht aufstiegsberechtigter Schüler

10 Österreich

10 Oberösterreich

14,4 Wien

9,7 Niederösterreich

10,1 Burgenland

9 Steiermark

Umgangssprache der Wiener Volksschüler nach Erhalter

Schulstatistik 2017/18. Umgangssprache:
im Alltag gebrauchte Sprache des Schülers

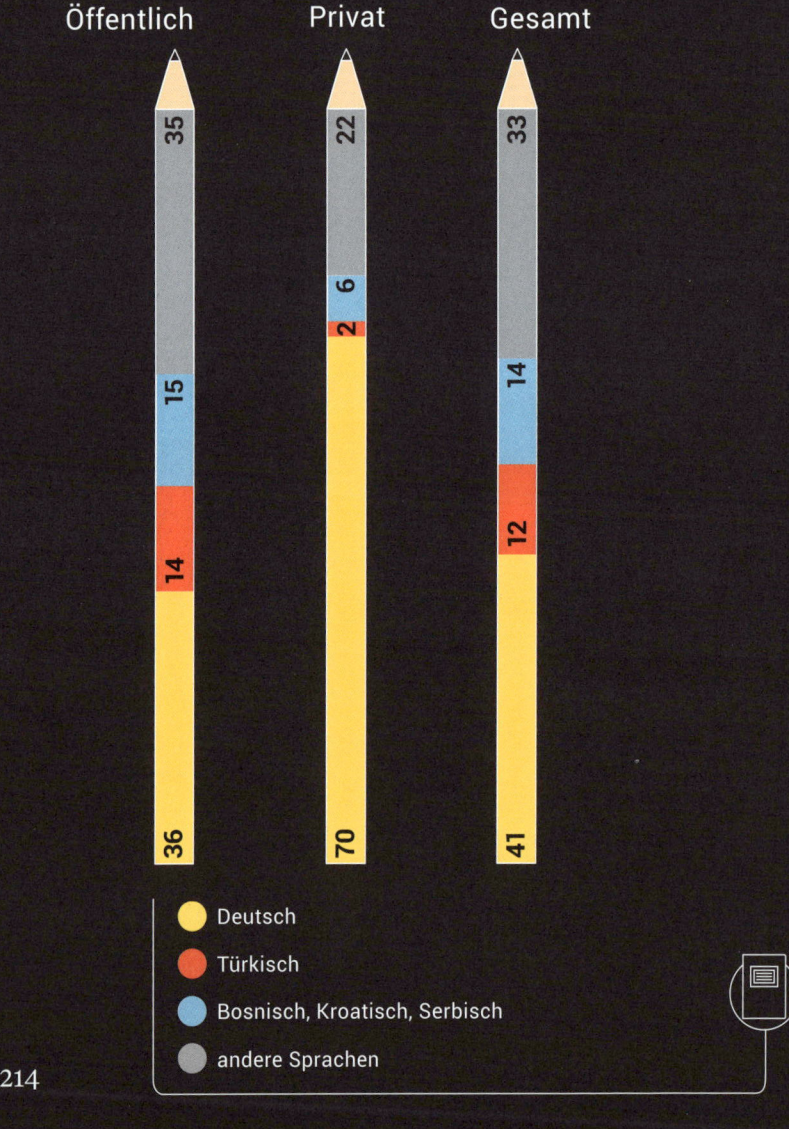

Öffentlich

35
15
14
36

Privat

22
6
2
70

Gesamt

33
14
12
41

- Deutsch
- Türkisch
- Bosnisch, Kroatisch, Serbisch
- andere Sprachen

Zahlen in

Entwicklung des Anteils von Schülern mit nichtdeutscher Umgangssprache in Wiens öffentlichen Schulen

Schulstatistik 2017/18. Umgangssprache: im Alltag gebrauchte Sprache des Schülers

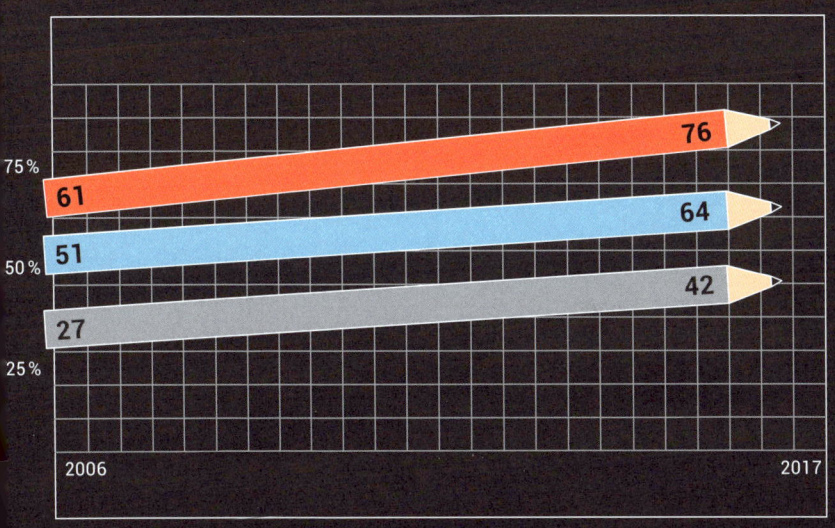

75 %

50 %

25 %

61

51

27

76

64

42

2006

2017

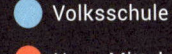 Volksschule

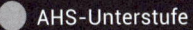 Neue Mittelschule

AHS-Unterstufe

215

ahlen in %

Umgangssprache an Neuen Mittelschulen je Wiener Bezirk

Schulstatistik 2017/18. Umgangssprache: im Alltag gebrauchte Sprache des Schülers

1. Innere Stadt
| 36 | 8 | 17 | | 39 |

2. Leopoldstadt
| 21 | 18 | 18 | | 42 |

3. Landstraße
| 29 | 10 | 17 | | 43 |

4. Wieden
| 31 | 9 | 12 | | 48 |

5. Margareten
| 6 | 24 | 24 | | 46 |

6. Mariahilf
| 22 | 15 | 25 | | 37 |

7. Neubau
| 24 | 12 | 23 | | 41 |

8. Josefstadt
| 13 | 7 | 16 | | 64 |

9. Alsergrund
| 12 | 19 | 16 | | 53 |

10. Favoriten
| 19 | 27 | 20 | | 34 |

11. Simmering
| 24 | 25 | 20 | | 31 |

12. Meidling
| 14 | 22 | 25 | | 39 |

Zahlen in %

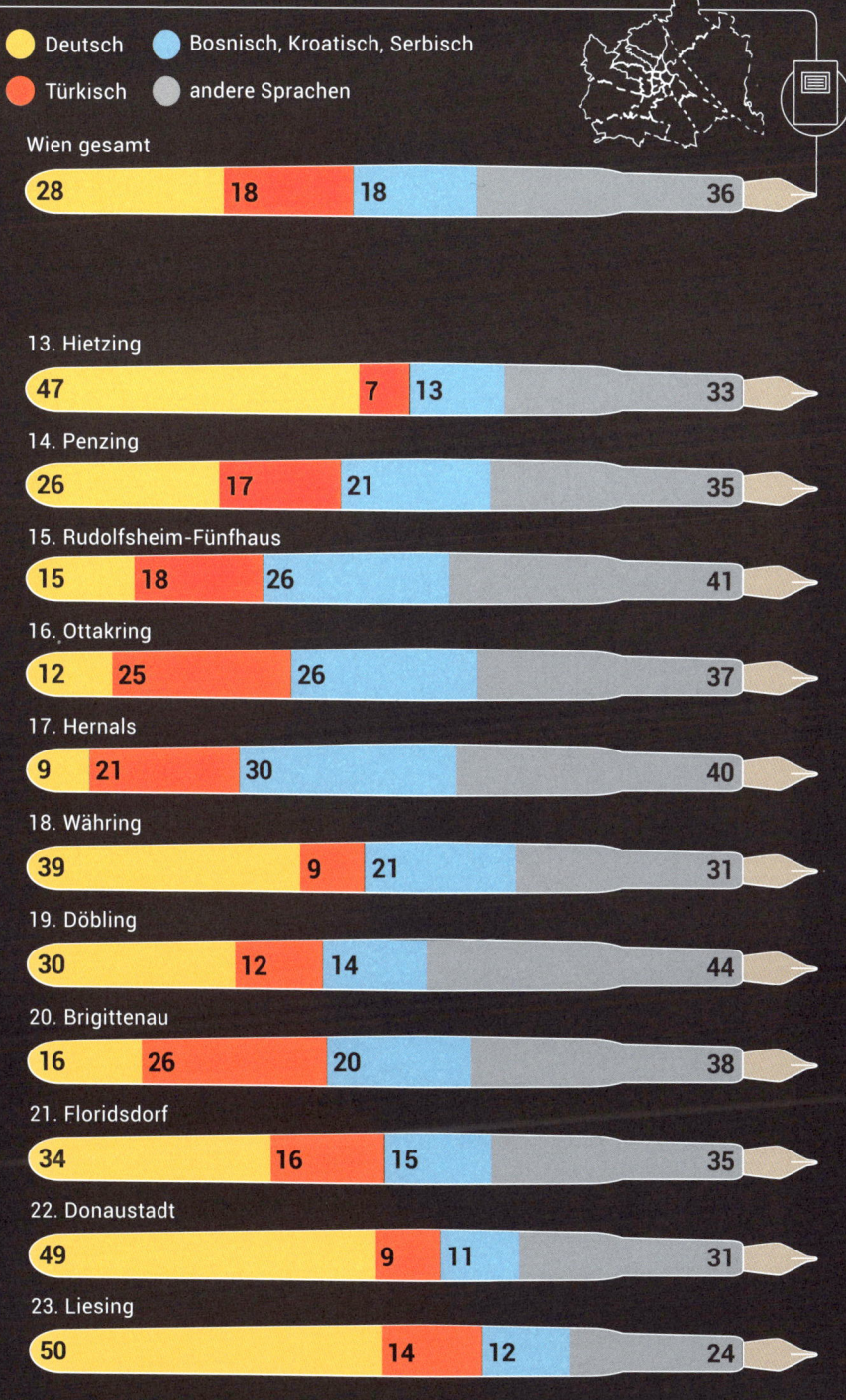

Deutsch   **Bosnisch, Kroatisch, Serbisch**
Türkisch   **andere Sprachen**

Wien gesamt

| 28 | 18 | 18 | 36 |

13. Hietzing

| 47 | 7 | 13 | 33 |

14. Penzing

| 26 | 17 | 21 | 35 |

15. Rudolfsheim-Fünfhaus

| 15 | 18 | 26 | 41 |

16. Ottakring

| 12 | 25 | 26 | 37 |

17. Hernals

| 9 | 21 | 30 | 40 |

18. Währing

| 39 | 9 | 21 | 31 |

19. Döbling

| 30 | 12 | 14 | 44 |

20. Brigittenau

| 16 | 26 | 20 | 38 |

21. Floridsdorf

| 34 | 16 | 15 | 35 |

22. Donaustadt

| 49 | 9 | 11 | 31 |

23. Liesing

| 50 | 14 | 12 | 24 |

Umgangssprache in Wiener Volksschulen nach Bezirk

Schulstatistik 2017/18. Umgangssprache: im Alltag gebrauchte Sprache des Schülers

Private Volksschulen

1. Innere Stadt

| 65 | 2,4 | 2 | 31 |

2. Leopoldstadt

| 61 | 2,3 | 36 |

3. Landstraße

| 61 | 0,4 | 4,5 | 34 |

4. Wieden

| 75 | 0,8 | 2,1 | 22 |

6. Mariahilf

| 58 | 2,9 | 11 | 28 |

7. Neubau

| 69 | 2,6 | 7 | 21 |

8. Josefstadt

| 76 | 0,3 | 3,4 | 20 |

10. Favoriten

| 64 | 4,4 | 14 | 18 |

13. Hietzing

| 94 | 0,5 | 5 |

14. Penzing

| 84 | 0,7 | 8 | 7 |

15. Rudolfsheim-Fünfhaus

| 32 | 7 | 23 | 37,5 |

18. Währing

| 73 | 1,8 | 8 | 17 |

19. Döbling

| 78 | 1,3 | 3,4 | 17 |

21. Floridsdorf

| 76 | 7 | 3,3 | 14 |

22. Donaustadt

| 68 | 0,5 | 2,9 | 29 |

23. Liesing

| 85 | 1 | 3,1 | 11 |

Keine privaten Volksschulen in Margareten, Alsergrund, Simmering, Meidling, Ottakring, Hernals, Brigittenau.

Zahlen in

Öffentliche Volksschulen

Legend:
- 🟡 Deutsch
- 🔴 Türkisch
- 🔵 Bosnisch, Kroatisch, Serbisch
- ⚪ andere Sprachen

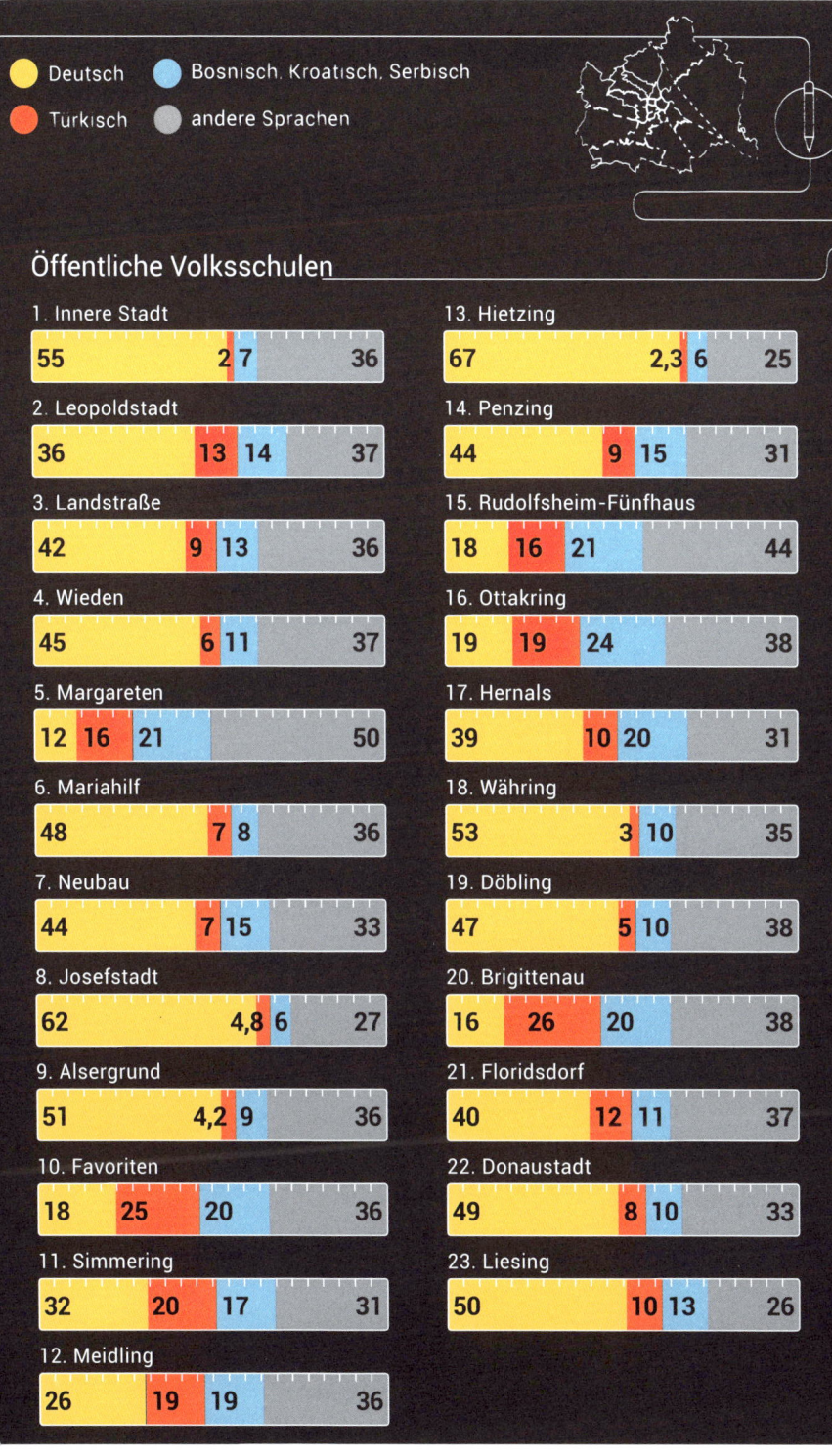

Bezirk	Deutsch	Türkisch	Bosnisch, Kroatisch, Serbisch	andere Sprachen
1. Innere Stadt	55	2	7	36
2. Leopoldstadt	36	13	14	37
3. Landstraße	42	9	13	36
4. Wieden	45	6	11	37
5. Margareten	12	16	21	50
6. Mariahilf	48	7	8	36
7. Neubau	44	7	15	33
8. Josefstadt	62	4,8	6	27
9. Alsergrund	51	4,2	9	36
10. Favoriten	18	25	20	36
11. Simmering	32	20	17	31
12. Meidling	26	19	19	36
13. Hietzing	67	2,3	6	25
14. Penzing	44	9	15	31
15. Rudolfsheim-Fünfhaus	18	16	21	44
16. Ottakring	19	19	24	38
17. Hernals	39	10	20	31
18. Währing	53	3	10	35
19. Döbling	47	5	10	38
20. Brigittenau	16	26	20	38
21. Floridsdorf	40	12	11	37
22. Donaustadt	49	8	10	33
23. Liesing	50	10	13	26

Zahl der Deutschklassen je Schultyp in Wien 2019

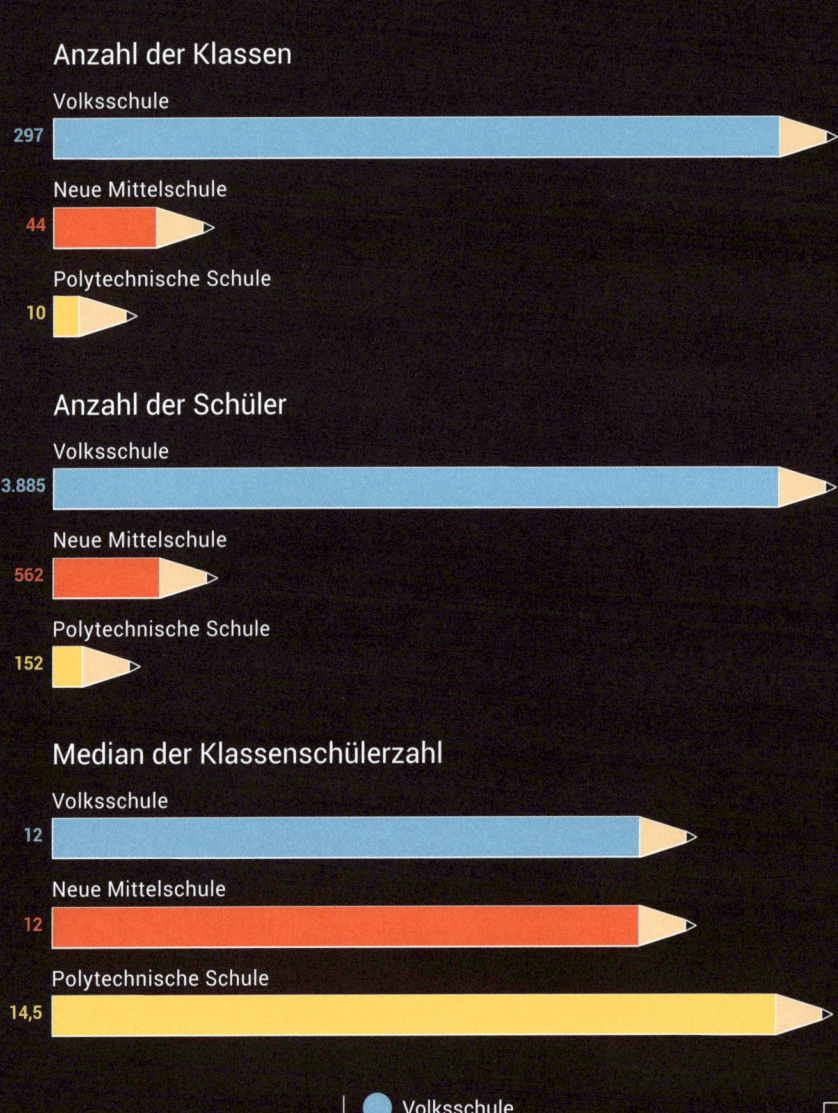

Anzahl der Klassen

Volksschule
297

Neue Mittelschule
44

Polytechnische Schule
10

Anzahl der Schüler

Volksschule
3.885

Neue Mittelschule
562

Polytechnische Schule
152

Median der Klassenschülerzahl

Volksschule
12

Neue Mittelschule
12

Polytechnische Schule
14,5

- ● Volksschule
- ● Neue Mittelschule
- ● Polytechnische Schule

Leistungen der österreichischen Schüler im Lesen im internationalen Vergleich

Mittelwert der Lesekompetenz für ausgewählte Länder in Punkten

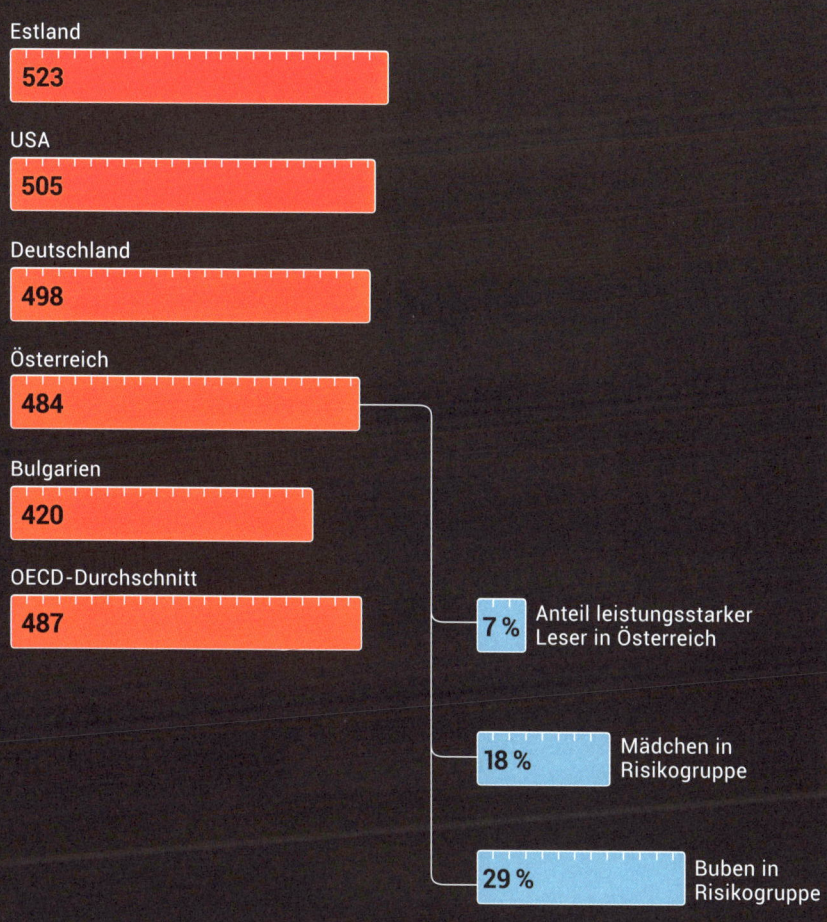

Estland
523

USA
505

Deutschland
498

Österreich
484

Bulgarien
420

OECD-Durchschnitt
487

7 % Anteil leistungsstarker Leser in Österreich

18 % Mädchen in Risikogruppe

29 % Buben in Risikogruppe

Anteil der Unterrichtsstunden an der Totalarbeitszeit im internationalen Vergleich

Daten für Lehrende an Neuen Mittelschulen und der AHS-Unterstufen

Kolumbien
75

Schottland
62,6

Israel
59,2

Lettland
58

Chile
54,2

Spanien
50

USA
47,6

Niederlande
45,2

Frankreich
42,6

Portugal
42,2

222

Zahlen in

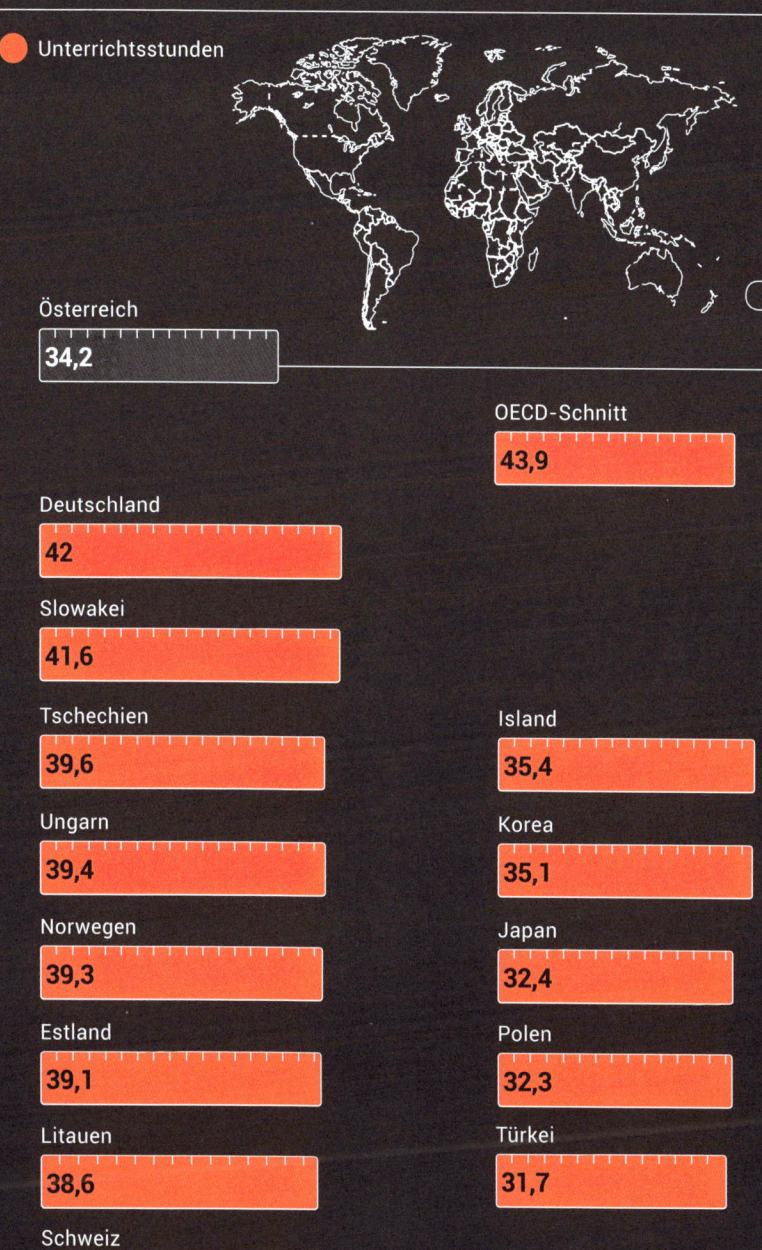

Unterrichtsstunden

Österreich
34,2

OECD-Schnitt
43,9

Deutschland
42

Slowakei
41,6

Tschechien
39,6

Island
35,4

Ungarn
39,4

Korea
35,1

Norwegen
39,3

Japan
32,4

Estland
39,1

Polen
32,3

Litauen
38,6

Türkei
31,7

Schweiz
35,5

223

Altersverteilung des Lehrpersonals im Schulwesen 2016

Alter zum 31.12.2016. Exklusive Karenzierungen. Ohne Privatlehrer an Privatschulen, Lehrpersonal an Schulen der Gesundheits- und Krankenpflege und an Schulen zur Ausbildung von Leibeserzieher.

> 65

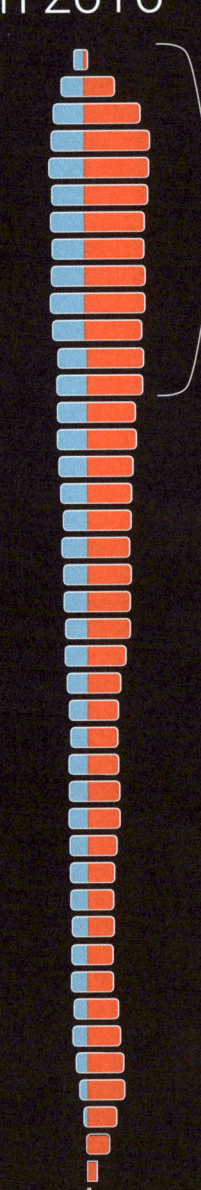

Rund 28 % des Lehrpersonals waren 2016 älter als 55 Jahre

< 23

224

Männer

Frauen

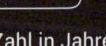

Zahl in Jahre

Nicht aufstiegsberechtigte Schüler nach Umgangssprache

Anteil der Schüler nach Umgangssprache, die am Ende des Schuljahrs 2016/17 je Schultyp nicht aufstiegsberechtigt waren

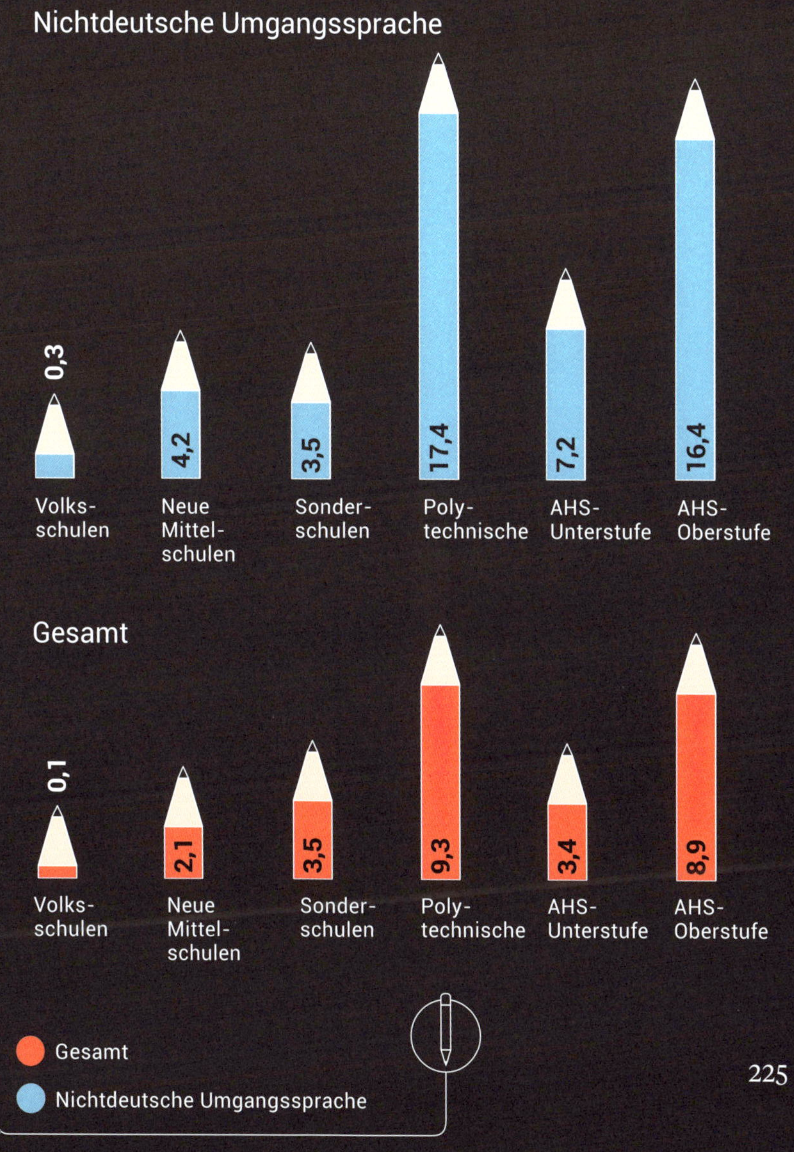

Nichtdeutsche Umgangssprache

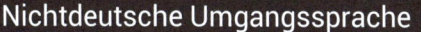

Volks-schulen	Neue Mittel-schulen	Sonder-schulen	Poly-technische	AHS-Unterstufe	AHS-Oberstufe
0,3	4,2	3,5	17,4	7,2	16,4

Gesamt

Volks-schulen	Neue Mittel-schulen	Sonder-schulen	Poly-technische	AHS-Unterstufe	AHS-Oberstufe
0,1	2,1	3,5	9,3	3,4	8,9

● Gesamt

● Nichtdeutsche Umgangssprache

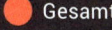ahlen in %

Zahl der Lehrer je Bundesland je Schultyp

Vollzeitäquivalente im Schuljahr Jahr 2018/19

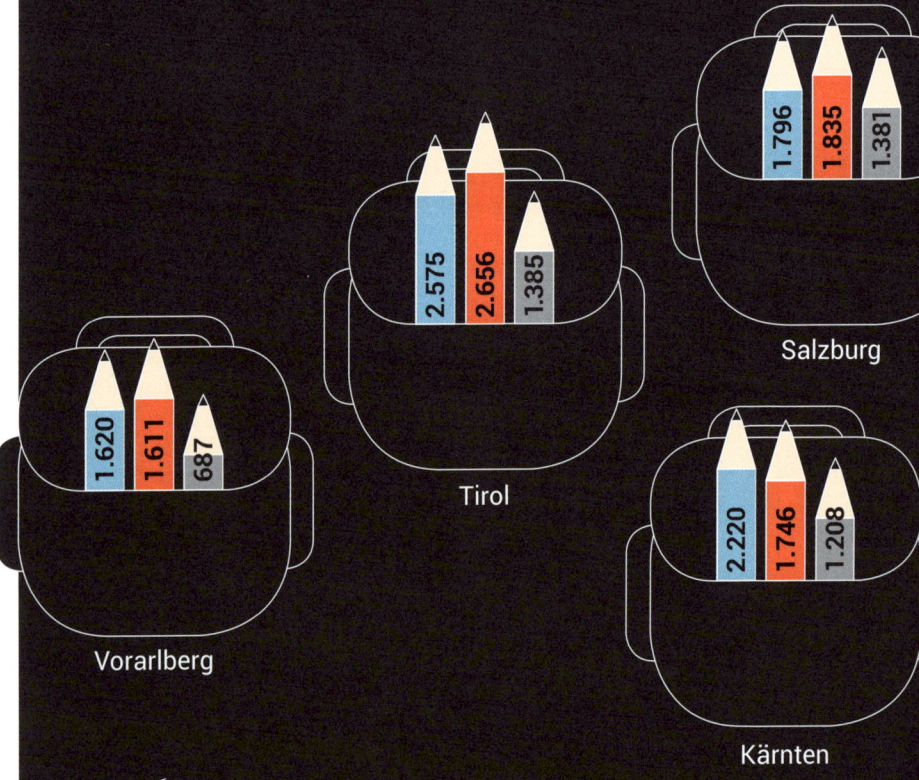

Salzburg: 1.796 | 1.835 | 1.381

Tirol: 2.575 | 2.656 | 1.385

Kärnten: 2.220 | 1.746 | 1.208

Vorarlberg: 1.620 | 1.611 | 687

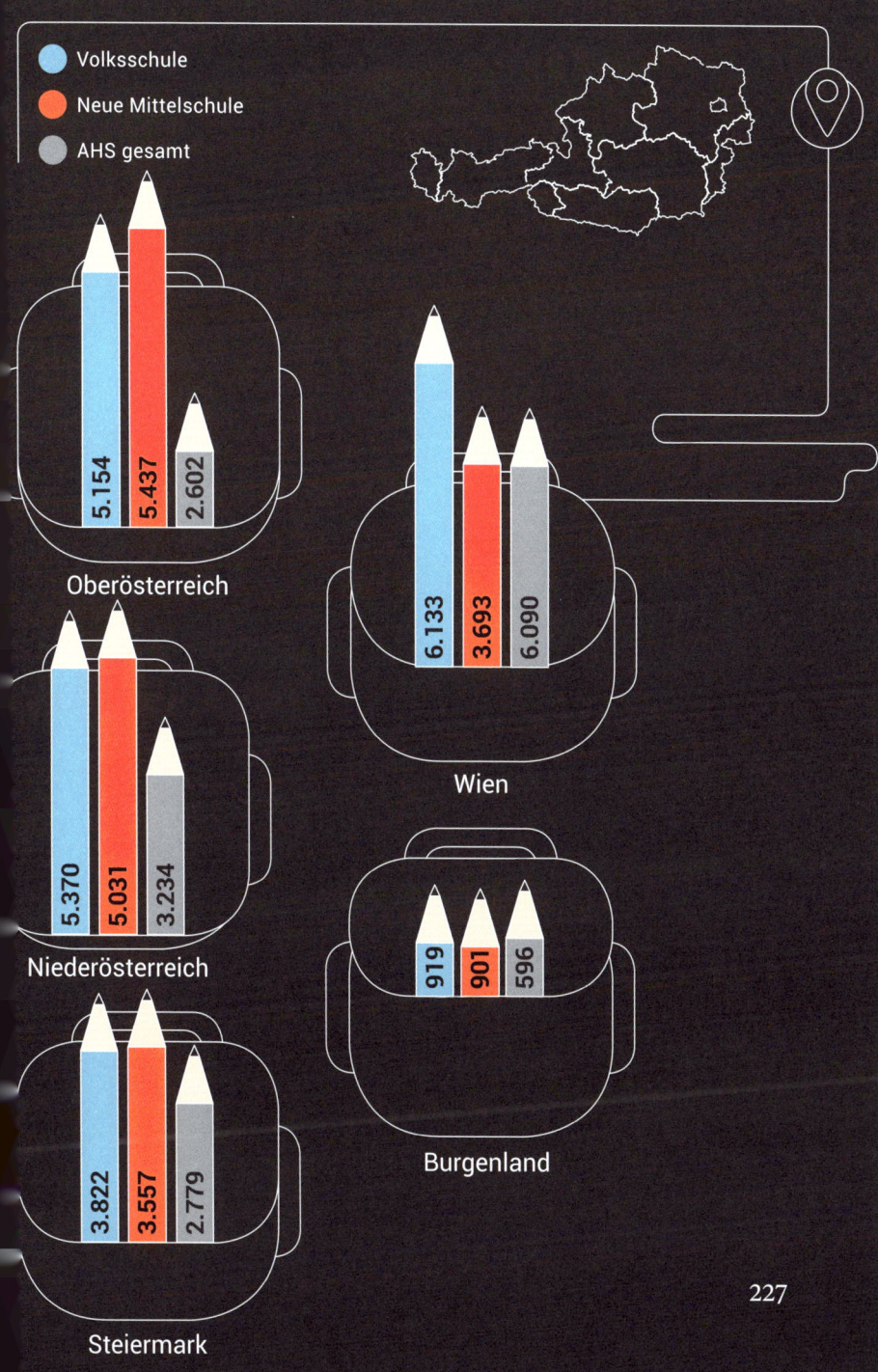

Volksschule
Neue Mittelschule
AHS gesamt

Oberösterreich
5.154
5.437
2.602

Wien
6.133
3.693
6.090

Niederösterreich
5.370
5.031
3.234

Burgenland
919
901
596

Steiermark
3.822
3.557
2.779

Durchschnittliche Ausgaben pro Schüler je Bundesland

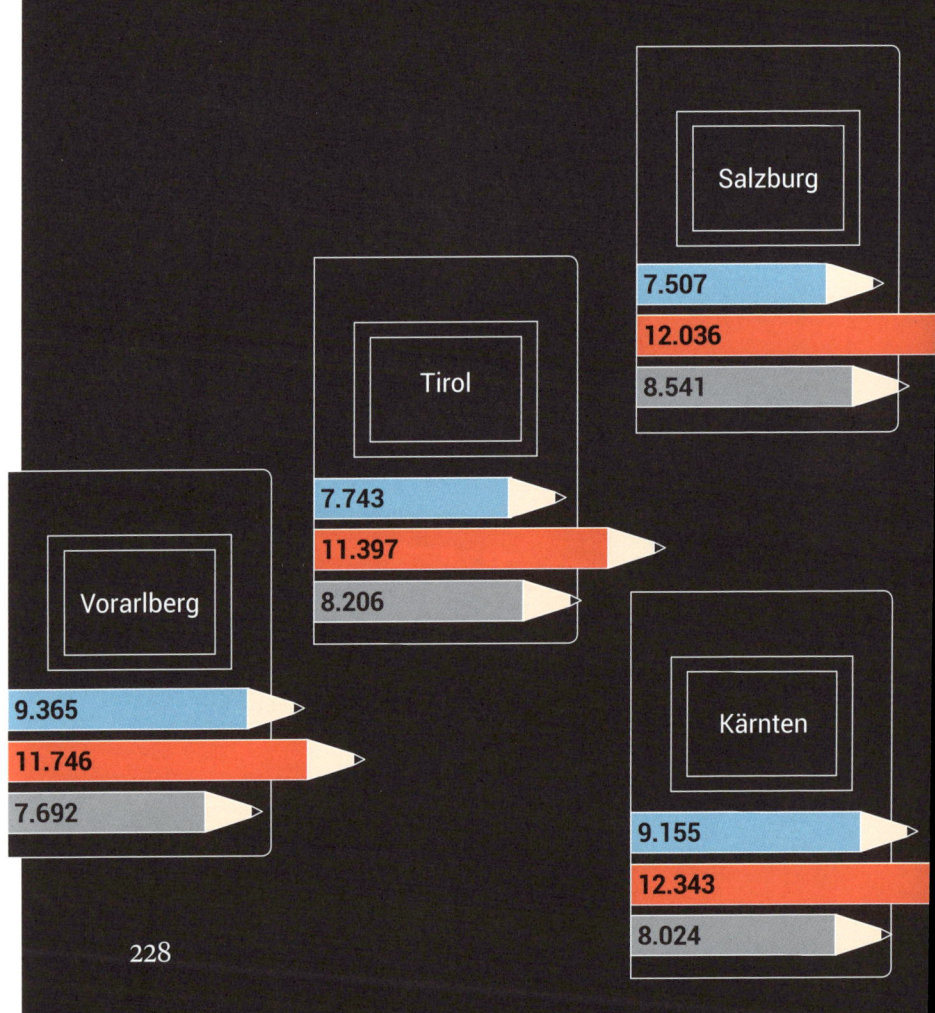

Salzburg

7.507

12.036

8.541

Tirol

7.743

11.397

8.206

Vorarlberg

9.365

11.746

7.692

Kärnten

9.155

12.343

8.024

Zahlen in

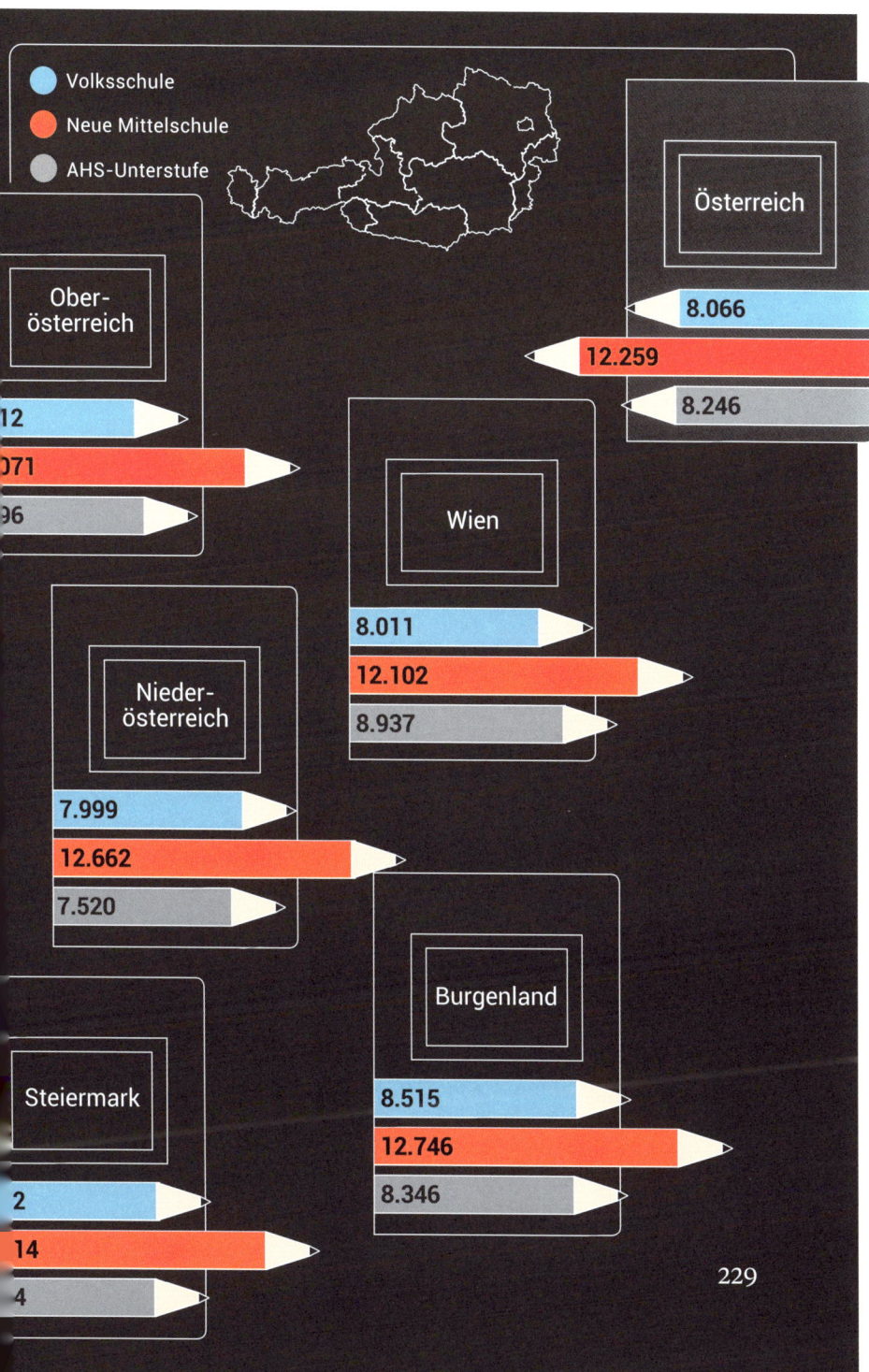

Volksschule
Neue Mittelschule
AHS-Unterstufe

Österreich
8.066
12.259
8.246

Ober-österreich
.12
.071
.96

Wien
8.011
12.102
8.937

Nieder-österreich
7.999
12.662
7.520

Burgenland
8.515
12.746
8.346

Steiermark
.2
.14
.4

Bildungsausgaben pro Kopf nach Bildungsbereichen im EU-Vergleich

Bildungsbereiche nach ISCED-2011.
KKS-USD: kaufkraftstandardisierte US-Dollar.

Primarbereich
11.689 $

Sekundarbereich
15.477 $

Tertiärbereich
17.555 $

alle Bildungsbereiche
13.688 $

Primarbereich
8.656 $

Sekundarbereich
10.105 $

Tertiärbereich
15.998 $

alle Bildungsbereiche
9.617 $

● Österreich
● EU-22

Höchster Bildungsabschluss der Eltern von Volksschulkindern nach Migrationshintergrund

Anmerkung: Migrationsstatus nach BIST-Definition. Einheimisch sind Kinder, von denen wenigstens ein Elternteil in Österreich oder Deutschland geboren ist.

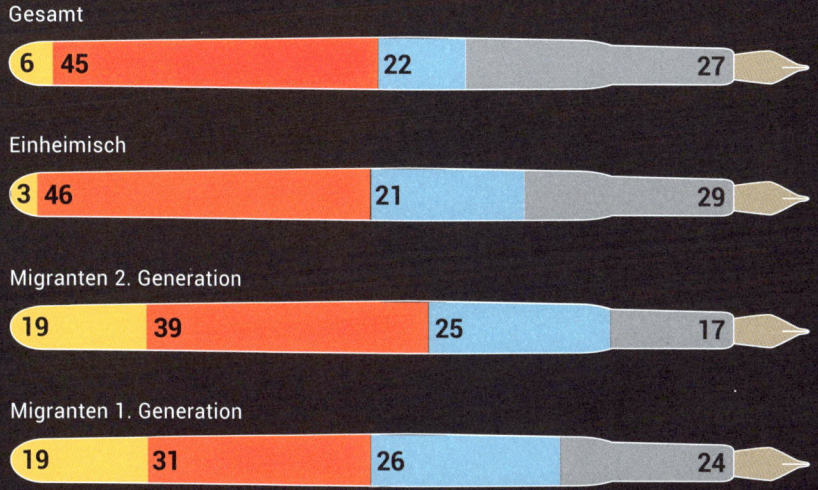

Gesamt

| 6 | 45 | 22 | 27 |

Einheimisch

| 3 | 46 | 21 | 29 |

Migranten 2. Generation

| 19 | 39 | 25 | 17 |

Migranten 1. Generation

| 19 | 31 | 26 | 24 |

🟡 max. Pflichtschule

🔴 Lehre / mittlere Schule

🔵 Schule mit Matura

⚪ Universität / Hochschule / Akademie

231

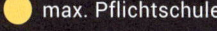

alen in %

Schüler im Religionsunterricht nach Konfessionen

Volksschulen in Wien

Schuljahr	2010/11	2019/20	Veränderung
katholisch	28.245	25.947	− 8 %
islamisch*	11.811	16.680	+ 41 %
orthodox***	3.063	4.338	+ 42 %
evangelisch**	2.948	2.837	− 4 %

Neue Mittelschulen in Wien

Schuljahr	2010/11	2019/20	Veränderung
katholisch	8.689	5.471	− 37 %
islamisch*	4.550	4.981	+ 9 %
orthodox***	1.148	1.124	− 2 %
evangelisch**	560	352	− 37 %

*   ohne islamisch-alevitisch
**   beinhaltet evanglisch A.B. und evangelisch H.B.
*** beinhaltet: griechisch-orthodox, serbisch-orthodox,
     rumänisch-orthodox, russisch-orthodox, bulgarisch-orthodox,
     syrisch-orthodox und koptisch-orthodox

Quellen und Credits

Bildungsdirektion Wien

Statistik Austria

BMBWF (Bundes- und Landeslehrercontrolling)

IHS, OECD

Bifie / Bildungsstandardüberprüfung

**„Es ist ein Spagat zwischen
Sprachproblem und Scharia."**

Susanne Wiesinger ist Lehrerin an einer Brennpunktschule
in Wien-Favoriten. Schonungslos schildert sie, wie sich in immer mehr Schulen eine Parallelgesellschaft herausbildet: von
Schülern, die in der Mittelschule kaum genug Deutsch verstehen, um dem Unterricht folgen zu können, die ihre Mitschülerinnen nötigen, sich zu verhüllen, und die ihre Religion über
alles stellen. Lehrer sehen sich dieser Entwicklung zunehmend machtlos gegenüber, denn Stadtschulrat und Gewerkschaft tun diese Probleme als bedauerliche Einzelfälle ab.

**„Oft denke ich: Die haben gewonnen
und wir haben verloren. In Wirklichkeit
haben aber die Kinder verloren."**

Edition QVV

ISBN 978-3-200-05875-0
€ (A, D) 24,90

Susanne Wiesinger mit Jan Thies

Kulturkampf
im Klassenzimmer

Wie der Islam die Schulen verändert
Bericht einer Lehrerin

Edition QVV

Das Buch, mit dem alles begann ...

WARUM ICH NICHT MEHR SCHWEIGEN KANN

Am 7. Jänner 2015 verübten zwei Islamisten einen Anschlag auf die Redaktion der Satirezeitschrift *Charlie Hebdo* in Paris. Elf Menschen wurden dabei getötet. Weltweit gingen Menschen auf die Straße und bekundeten ihre Solidarität mit den Opfern mit dem Spruch „Je suis Charlie". Politiker aus aller Welt verurteilten den Anschlag.

Nicht so meine Schüler.

Viele meiner Schüler feierten die Attentäter wie Helden. Die Opfer spielten für sie keine Rolle. An diesem Tag wurde mir bewusst, wie stark der konservative bis fundamentalistische Islam unsere Schüler beeinflusst, wie sehr diese Religion die Gedanken der Kinder beherrscht. Ich erkannte, wie weit die Mehrheit in der Schule von den Werten, die wir Lehrer ihnen zu vermitteln versuchten, entfernt war.

Die Ursachen für diesen Terroranschlag waren für viele Schüler in der Politik Israels und der USA zu suchen – und besonders in der Beleidigung des Propheten Mohammed durch Karikaturisten. „*Wer den Propheten beleidigt, hat den Tod verdient. Wir Muslime müssen uns gegen den Westen verteidigen. Niemand darf unseren Propheten lächerlich machen. Wir sind dadurch alle beleidigt und müssen die Ehre unseres Propheten verteidigen.*" Das waren nur einige von vielen Aussagen, die mich nachdenklich bis beunruhigt zurückließen.

Viele Mädchen haben geweint. Sie hatten Angst, dass ich sie

jetzt nicht mehr mögen würde, weil sie Muslime sind. Die Jungen gingen mit der Situation vollkommen anders um: Sie waren wütend, gereizt und aggressiv. Doch je länger wir mit den Jugendlichen diskutierten und versuchten, auf sie einzuwirken, umso mehr stellten sie ihre islamistischen Sympathien und Theorien infrage. Zumindest für den Moment. Am Ende blieb meist die Vorstellung: Das waren keine Muslime wie wir. Denn wir tun so etwas nicht.

Dieses Erlebnis führte mich zu der Frage: Woher kommt die ablehnende und aggressive Haltung dieser Jugendlichen gegenüber unserer Gesellschaft? Eigentlich wollen diese Kinder ja zu uns gehören und die Freiheiten unseres westlichen Lebensstils genießen. Aber sie können nicht. Es gibt eine Kraft, die sie zurückhält, die stärker ist als alles andere: ihr muslimischer Glaube. Er kontrolliert und lenkt sie.

Ich konnte diese Vorfälle nicht mehr als bedauerliche Einzelfälle abtun. Es ging nicht mehr. In meiner Schule hatte sich etwas Grundlegendes verändert, und ich empfand ein wachsendes Unbehagen bei dem Gedanken, dass der Islam für viele Schüler das Wichtigste in ihrem Leben geworden war. Religiöse Gebote und Verbote beherrschten ihr Denken. Sie gehorchten ihrem Glauben. Alles andere musste sich unterordnen. Die Religion hatte unsere Schule im Griff. Das ging so weit, dass diese Schüler mit unserer Kultur nichts zu tun haben wollten, sie hassten und sie immer mehr auch aktiv bekämpfen wollten. So wie die *Charlie-Hebdo*-Terroristen, die genau deswegen von ihnen bewundert wurden.

Die Anschläge von Paris waren bei uns in der Schule noch sehr lange Thema. Im Lehrerzimmer diskutierten wir intensiv und emotional miteinander, besonders über die Reaktionen unserer Schüler. Sosehr alle über die ausdrücklichen Sympathiebekundungen entsetzt waren, wirklich überrascht war niemand. Die Veränderungen in den Jahren zuvor waren zu offensichtlich. Viele muslimische Schüler und deren Eltern hatten eine immer fundamentalistischere und radikalere Richtung eingeschlagen.

Viele meiner Kollegen hatten die Veränderung auch gespürt, wagten dennoch nicht offen darüber zu sprechen. Bis heute scheuen sich viele Lehrer, Kritik am Islam zu üben. Der Grund des Schweigens liegt in einer Verwechslung von Akzeptanz und Toleranz sowie der Sorge, als überfordert und islamophob diffamiert zu werden.

Dabei sind die Hinweise auf diesen religiösen Wandel nicht zu übersehen. Viele unserer Schüler entglitten uns zunehmend in die Welt des Glaubens. Wir konnten sie dorthin nicht begleiten. Zurückhalten konnten wir sie auch nicht. Die Gräben zwischen uns wurden größer, und wir kamen immer weniger zu ihnen durch. Jeder weitere islamistische Terroranschlag erhärtete den Verdacht: Immer mehr muslimische Schüler haben Verständnis für diese Gräueltaten. Die Sympathien für die Attentäter sind stärker als das Mitleid mit den Opfern.

Lehrer und Schüler leben in zwei völlig verschiedenen Welten, die nicht miteinander vereinbar sind. Und wir Lehrer haben das akzeptiert. Was bleibt uns anderes übrig? Wir haben nicht mehr die Kraft, gegen dieses religiöse Gedankengut unserer Schüler anzukämpfen. Es ist zu stark. Wir sind zu schwach.

Der Stadtschulrat (SSR) für Wien machte sich offenbar zum Zeitpunkt der Pariser Anschläge noch keine großen Sorgen über die Radikalisierung junger Muslime in Österreich. Frankreich sei ein anderes Land mit einer anderen Geschichte und zum Glück nicht einmal ein Nachbarland Österreichs. Bei uns schien, zumindest für den SSR und die Wiener Stadtpolitik, Integration zu funktionieren. Natürlich gab es Beispiele gelungener Integration. Man konzentrierte sich allerdings nur auf diese und übersah dabei die immer größer werdenden Brennpunkte. Als Sozialdemokratin war auch ich jahrelang davon überzeugt gewesen, dass Integration in jedem Fall gelingen müsste. Es braucht nur genügend Ressourcen und die Akzeptanz der österreichischen Mehrheitsgesellschaft. Diese Einschätzung teile ich heute nicht mehr. Schon damals sprach ich meinen Dienstgeber und die Lehrergewerkschaft auf das Thema „Politischer Islam in der Schule" an. Bei beiden stieß ich über Jahre auf Unverständnis und Desinteresse. Oft auch auf Kritik und Ablehnung.

Nachdem sich die Anschläge in Europa, wie auch die Vorfälle mit radikalisierten Jugendlichen an Schulen gehäuft hatten, fanden dann schließlich doch einige Veranstaltungen zur Deradikalisierung an Schulen statt. Ich war mit keiner wirklich zufrieden. Die vortragenden Referenten vermittelten mir stets den Eindruck, das Problem nicht verstanden zu haben: „Ändert euch und akzeptiert die Welt, in der eure Schüler leben, wie sie ist. Dann wird Integration gelingen." Eine realitätsfernere und naivere Meinung konnte man nicht haben. Ich sollte akzeptieren, dass diese Jugendlichen die religiösen Gesetze unseren weltlichen vorziehen? Ich sollte mich damit abfinden, dass Mädchen nicht schwimmen gehen dürfen und mit Einsetzen ihrer Periode in einer Moschee nach einem passenden

Ehemann gesucht wird? Ich sollte zusehen, wie muslimischen Schülern unser kulturelles Leben vorenthalten wird, weil es in den Augen ihrer Eltern *harām* (religiös verboten) ist?

Einwände vonseiten der Lehrer, die Probleme bei der Integration könnten auch an den Familien und muslimischen Communitys liegen, wurden mit der moralischen Überlegenheit der Vortragenden weggewischt. Also versuchte ich mein Glück im privaten Umfeld. Doch auch meine Freunde und Bekannten, allesamt bürgerliche Linke, zeigten wenig Interesse an diesen Entwicklungen. Sie wollten nicht glauben, was ich ihnen erzählte.

Als Ansprechpartner für meine Schulprobleme blieben nur noch Familienmitglieder und engste Freunde. Am nächsten waren mir aber immer meine Lehrerkollegen. Nur sie verstanden, was wirklich an Brennpunktschulen passiert. Nur sie bekamen mit, unter welchem furchtbaren Druck viele unserer muslimischen Schüler stehen und wie zerrissen sie sind. Nur mit meinen Kollegen konnte ich auch die schlimmsten Ereignisse besprechen; manchmal zynisch und desillusioniert. Lange Zeit hielt ich mich an die Vorgabe des Dienstgebers und sprach in der Öffentlichkeit nicht über die Probleme an Wiener Schulen. Die Amtsverschwiegenheit schob ich ehrlich gesagt nur vor. Der Hauptgrund war die Sorge, in die Nähe von rechtskonservativen Parteien gerückt zu werden. Einerseits entspricht das nicht meiner politischen Haltung. Andererseits könnte das zusätzliche Isolation im beruflichen wie im privaten Leben bedeuten. Das wollte ich unbedingt vermeiden. Also schwieg auch ich lange Zeit.